Joan Chittister

Das Leben beginnt in dir

Weisheitsgeschichten aus der Wüste

Aus dem Amerikanischen übersetzt
von Annette Nau

HERDER
FREIBURG · BASEL · WIEN

HERDER spektrum Band 6314

Gewidmet ist dieses Buch
all den Suchenden um mich,
die meinen Blick erweitert
und meiner Seele Tiefe geschenkt haben,
indem sie – wo immer sie sind, was immer sie tun –
die Gegenwart Gottes spürbar werden lassen,
und ganz besonders Schwester Mary Margaret Kraus OSB,
der ehemaligen Priorin der Benediktinerinnen von Erie,
die das lebt, worum es in diesem Buch geht.

Titel der Originalausgabe
Illuminated Life. Monastic Wisdom for Seekers of Light
Orbis Books, Maryknoll, New York (USA)

www.herder.de

Umschlaggestaltung: agentur Idee
Umschlagmotiv: © Corbis
Innengestaltung: Weiß-Freiburg GmbH – Graphik & Buchgestaltung
Herstellung: CPI books GmbH, Leck

Printed in Germany

978-3-451-06314-5

Inhalt

Einführung
Spirituell leben – mitten im Chaos

Dieses Buch handelt von Ihrem Leben – einem Leben, das Sie selbst für viel zu kompliziert und vollgestellt mit Sorgen halten, um spirituell zu sein. Spiritualität, so glauben Sie vielleicht, ist Menschen vorbehalten, denen es gelingt, den Zwängen des Lebens zu entfliehen. Doch wenn Rückzug das Wesen des spirituellen Lebens wäre, dann hätten ganze Generationen von spirituellen Gestalten und Heiligen geirrt.

Zu den ältesten spirituellen Suchern der Menschheit gehören jene Männer und Frauen, die vor vielen hundert Jahren in die Wüste zogen, um in der Wildnis das Leben zu finden. Dieses Buch erzählt von den Aspekten, die diese Suchenden zu den Angelpunkten eines spirituellen Lebens rechnen. Und Sie werden feststellen, dass «Flucht» nicht zu dieser Sammlung uralter Weisheit gehört. Spiritualität, so zeigt uns die Überlieferung, beschäftigt sich mit der Frage, wie man ein erfülltes – und nicht ein leeres – Leben führt. Wahre Spiritualität ist Leben, das durchdrungen ist von dem unwiderstehlichen Streben nach Ganzwerden. Es ist ein in Fülle gelebtes Leben. Es ist Stille inmitten von Chaos.

Die Welt, in der wir heute leben, ist manchmal geradezu beängstigend hektisch. Ihr Tempo und ihre Belastungen zehren uns auf, laugen unsere Seele aus und vernebeln unseren Geist. Anstatt unser Leben als eine Art frohmachendes Geheimnis zu erfahren, erscheint es uns eher als eine Ansammlung von Pflichten, die abgearbeitet werden müssen. Wir verbringen unsere Zeit damit, Telefonate zu erledigen, Einkäufe zu machen, den Haushalt zu versorgen, durch überfüllte Geschäftsstraßen zu hetzen. Wir folgen den täglichen Routinen, sitzen in Konferenzen, beantworten alle möglichen Fragen. Wir machen die immer gleichen Bewegungen, stehen in irgendeiner Schlange, fahren zur Arbeit und zurück, um spät – viel zu spät – ins Bett zu fallen. Tag für Tag, Nacht für Nacht. Am Ende des Tages schließen wir die Augen und fragen uns, wo das Leben geblieben ist.

Wir sind zu müde, um im Garten zu arbeiten, zu aufgewühlt für ein gutes Buch, zu beschäftigt für ein Gespräch. Wir fühlen uns zu bedrängt von anderen Leuten und Terminen, um unser Leben zu gestalten, über die Zukunft nachzudenken oder die Gegenwart zu genießen. Wir machen einfach weiter, Tag für Tag. Doch wo finden wir das, was uns menschlich macht? Wo in all dem steckt Gott? Wie sollen wir je das Beste aus unserem Leben machen, wenn das Leben selbst das größte Hindernis dafür zu sein scheint?

Und was bedeutet es, inmitten unseres eigenen Chaos, das unser armseliges kleines Leben unter sich begräbt, spirituell zu leben? Wer kann uns als Vorbild für ein besseres Leben dienen, wenn wir doch keine andere Wahl zu haben scheinen, als so zu leben, wie wir es eben tun?

Aber das Leben ist keine Übung, die wir irgendwie hinter uns bringen müssen, sondern ein Geheimnis, das es zu entdecken gilt. Das Leben kommt zu uns, wenn wir es leben. Die Geisteshaltung, mit der wir ihm begegnen, und die Einsichten, die wir aus den Augenblicken ziehen, die uns wirklich berühren, machen die Tiefe unserer Seele aus, mit der wir uns den banalen Momenten des Lebens stellen. Sie bestimmen die Qualität unseres Lebens. Die Wahrheit ist, dass unser Leben das einzige Gut ist, das wir wirklich besitzen. Im ganzen Universum ist unser Leben das Einzige, worüber wir wirklich Kontrolle haben, so gering diese auch sein mag.

Alles, was wir im Leben haben, ist das Leben. Dinge wie Autos, Häuser, Zeugnisse, Jobs und Geld kommen und gehen, zerfallen zu Staub in unseren Händen, ändern sich und verschwinden wieder. Es sind nicht solche Dinge, die das Leben zum Leben machen. Das Geschenk des Lebens, sein Geheimnis, ist, dass es sich von innen nach außen entwickeln muss. Es entsteht aus dem, was wir in unserem Inneren tragen, und nicht aus dem, was wir auf unserem Weg durch das Leben sammeln oder konsumieren, noch nicht einmal aus den Schicksalsschlägen, die uns unsere Wanderung beschert. Es sind nicht die Umstände, die Leben schaffen oder es zerstören. Jeder, der den Tod eines Partners, den Verlust einer Arbeitsstelle, das Ende eines Traumes oder die Feindschaft eines Freundes erlebt hat, weiß das.

Es ist die Art, wie wir mit den jeweiligen Gegebenheiten des Lebens umgehen – den alltäglichen wie den außergewöhnlichen, den bekannten wie den unbekannten –, die über die Qualität unseres Lebens entscheidet. Wohlhabende Menschen sind oft zutiefst unglücklich, während arme Menschen häufig überraschend glücklich sind. Alte Menschen wissen Dinge über das Leben, die jüngere Generationen erst noch lernen müssen. Frauen habe eine andere Sicht auf das Leben als Männer. Junge Menschen hegen Hoffnungen, die sich ältere nicht mehr erlauben können. Männer haben eine Weise, mit dem Leben umzugehen, die Frauen erst jetzt anfangen zu entwickeln. Und dennoch hat jeder von ihnen – jeder von uns – die Möglichkeit, das Leben gut oder schlecht zu leben. So unglaublich es klingen mag: es ist eine Sache der Entscheidung. Und diese Entscheidung liegt bei uns. Das Leben beginnt in dir.

Vor vielen hundert Jahren entschlossen sich einige Menschen, ein Leben zu führen, das über das Offensichtliche hinausgeht. In der Absicht, das Leben zum Leben zu erwecken, zogen sie hinaus in die Wildnis, wo sie alleine oder in Klostergemeinschaften eine neue Lebensweise, eine neue Geisteshaltung und neue Werte entwickelten. Jede Generation dieser Gestalten einer monastischen Weisheit beschäftigte sich aufs Neue mit jenen Dimensionen des Lebens, die es im Gleichgewicht zu halten gilt, um ganz zu werden. Dieses Buch handelt von den Werten, die die Wüstenväter und -mütter dabei entwickelt haben. Ihre Einsichten wurden wieder und wieder erprobt und für wahr befunden. Und das Gute daran ist: Jeder Mensch kann diese Einsichten entwickeln, ganz gleich, wie die Umstände seines Lebens gerade sein mögen. Sie helfen uns, den rechten Blick für das Leben zu behalten, es gut zu leben und unter seine Oberfläche zu schauen. Die Weisheit der Wüstenväter und -mütter ist uns heute immer noch zugänglich. Sie hilft uns, *kontemplativ* zu leben, mitten im Chaos. Was bedeutet «Kontemplation»?

«*Contemplari* heißt eigentlich schauen. Ich sehe aber nicht etwas Bestimmtes. Ich habe keine Vision. Vielmehr schaue ich auf den Grund des Seins. Papst Gregor erzählt vom heiligen Benedikt, dass er in einem einzigen Sonnenstrahl die ganze Welt erblickt habe. Damit beschreibt er das Wesen der *contemplatio*. In einem einzigen Blick schaue ich alles auf einmal, nicht nacheinander, sondern ineinander. Ich erkenne nicht etwas Begrenztes, über das ich sprechen könnte. Vielmehr blicke ich durch. Alles ist mir auf einmal klar. Ich weiß nicht, wie ich mein Leben erklären kann. Aber in der Tiefe meines Herzens weiß ich: Es hat sich alles geklärt. Alles ist gut so, wie es ist. Kontemplation ist Zustimmung zum Sein, Zustimmung zu meinem Leben, Einverstandensein mit allem, was ist» (Anselm Grün).

Der ständige Zeitdruck, unter dem wir heute stehen, sagt uns, wir seien zu beschäftigt, um kontemplativ zu leben, doch unsere Seele weiß es besser. Seelen sterben am Mangel an Reflexion. Unsere Pflichten verfolgen uns und machen uns glauben, die «reale» Welt würde uns keine Zeit lassen, um uns mit spirituellen Fragen auseinanderzusetzen. Doch sind es immer eben diese Fragen, die darüber entscheiden, wie wir mit unseren Pflichten umgehen. Die Ehe, die Arbeit, unsere Kinder und unsere Verpflichtungen – sie alle dienen uns als Entschuldigung dafür, nicht kontemplativ zu leben. Wir gehen mit ihnen um, als besäßen sie keine spirituelle Dimension, obwohl doch niemand Kontemplation nötiger hat als eine gestresste Mutter, ein gereizter Vater, ein ehrgeiziger Angestellter, ein umtriebiger Geschäftsmann, ein Mensch, der in Armut lebt oder an einer Krankheit leidet. In all diesen Situationen brauchen wir Reflexion, Einsicht, Sinn und Seelenfrieden mehr als alles andere. Menschen kannten zu allen Zeiten und unter den verschiedensten Lebensumständen dieses Bedürfnis, haben nach der Gegenwart Gottes in den widrigsten Situationen gesucht.

Wenn wir an dieser Stelle von Gott sprechen, dann geht es nicht um die Rituale, Moralvorstellungen und Gedankensysteme der Religion, die alle gut sind, aber als solche unvollständig. Vielmehr bedeutet Spiritualität, sich des Heiligen bewusst zu werden. In diesem Bewusstsein bekommen wir den richtigen Blick und finden Frieden. In diesem Bewusstsein wird der Mensch ganz. «Kontemplation ist Zustimmung zum Sein, Zustimmung zu meinem Leben» (Anselm Grün).

Die Wüstenmönche, allein in der ägyptischen Wildnis des vierten Jahrhunderts, rangen mit ebendiesen Fragen. Sie loteten die Grundlagen des Lebens aus, prüften seine Wahrheiten und gaben ihre Weisheit an jene weiter, die danach suchten. Unzählige Menschen erkannten den Unterschied zwischen ihrem eigenen Dasein und dem schlichten, einfachen Leben der Wüstenmönche. Sie machten sich auf den Weg zu ihren kleinen Klöstern, um herauszufinden, was dem offensichtlich so entbehrungsreichen Leben dort eine solch große Bedeutung verlieh.

Die *Abbas* und *Ammas,* die spirituellen Väter und Mütter der Wüste, hinterließen Worte für die Ewigkeit, die als Wegweiser, als Kompass und Leuchtfeuer für unser Leben dienen können. Fünfzehn Jahrhunderte später klingen diese Worte immer noch durch die Zeit und übermitteln uns eine Reihe von Werten, die unserem Leben Tiefe, Sinn und Glück schenken können, gerade dann, wenn wir uns überfordert, bedrängt und ausgebrannt fühlen.

Dieses Buch ist eine Aufforderung. Es lädt uns dazu ein, nicht länger nach irgendwelchen spirituellen Techniken und psychologischen Schnellreparaturen zu suchen, wenn wir unserem Leben Substanz geben wollen. Es fordert uns dazu auf, uns der spirituellen Weisung zu entsinnen, die sich über Jahrhunderte bewährt hat: dass wir in uns selbst hinabsteigen, um das Gerümpel in unserem Herzen auszuräumen, anstatt zu versuchen, unsere Umgebung und jede Situation unter Kontrolle zu haben. Es leitet uns an, die Gegenwart mit dem Auge der Seele zu betrachten, damit wir einen Blick auf den Himmel erhaschen können, den jedes Leben in sich trägt. Es begleitet uns in unser Inneres und führt uns gleichzeitig aus ihm heraus.

Abba Sisoes sagte: «Suche Gott, und nicht danach, wo er lebt.» Wir leben und atmen, wachsen und reifen in Gottes Schoß. Und doch suchen wir immer noch anderswo nach Gott – an bestimmten Orten, auf speziellen Wegen, auf Bergspitzen und in Höhlen, an besonderen Tagen und mit bestimmten Zeremonien. Wenn es hell wird in unserem Herzen, dann wissen wir, dass Gott nicht in all diesen Dingen ist. Gott ist hier, und das Leben ist da, um gelebt zu werden. Die Frage ist nur: Wie?

Achtsamkeit

Ein Bruder suchte Abba Moses in der Wüste Sketis auf und bat ihn um ein Wort der Weisung. Und der alte Mann entgegnete ihm: «Geh zurück in deine Zelle und bleibe dort sitzen; deine Zelle wird dich alles lehren.»

Oft schenken wir dem, was wir direkt vor unseren Augen haben, am wenigsten Beachtung. Die Pflanzen in unserer Wohnung sind für uns selbstverständlich. Die Nacht bricht herein, ohne dass wir es bemerken. Und an unserem Nachbarn, der uns einen einladenden Blick zuwirft, gehen wir achtlos vorüber. Wir sehen nur uns selbst und merken nicht, dass wir in einem Kokon leben. Und damit riskieren wir, aus keiner Situation, aus keiner Erfahrung, mehr mitzunehmen als das, was wir zuvor schon kannten.

Kontemplation beginnt, wenn wir lernen, die Augen für das Offensichtliche zu öffnen: die Farben und Formen, die um unsere Aufmerksamkeit wetteifern, die Gesichter unserer Mitmenschen, die wir nie beachten, weil sie entweder zu gewohnt oder zu fremd sind, die Umgebung, in der sich unser unaufmerksames, abgelenktes Ich befindet. Sich der Macht des Augenblicks bewusst zu sein ist, was die Wüstenväter und -mütter als Achtsamkeit bezeichnen. Sie ist die Essenz eines spirituellen Lebens und Bestandteil einer jeden kontemplativen Tradition. «O Wunder aller Wunder», sagt der Sufi-Meister, «ich hacke Holz. Ich schöpfe Wasser aus dem Brunnen.» Mit anderen Worten: Ich lebe im Augenblick. Ich weiß, dass alles, was ist, die Gegenwart Gottes ist. In der Regel des heiligen Benedikt heißt es über die erste Stufe der Demut: «Der Mensch achte stets auf die Gottesfurcht und hüte sich, Gott je zu vergessen.» Wir sollen alles im Leben als heilig betrachten. Die Menschen, die um mich sind, bewirken etwas in mir. Der Baum vor meinem Haus ruft bestimmte Gefühle in mir hervor. Mit meiner Arbeit verbinde ich eine bestimmte Hoffnung. Genau genommen erzählt uns alles im Leben etwas. Nur wenn wir lernen zu fragen, was unsere Umgebung in ebendiesem Moment, in dieser besonderen Situation, zu uns sagt, kümmern wir uns um das Saatbeet unserer Seele.

Achtsamkeit bringt uns in Kontakt mit dem Universum. Sie bringt uns dazu, in jeder Beziehung, in jedem Ereignis und jedem Moment nach der Bedeutung zu suchen, die unter der Oberfläche liegt. Es ist gar nicht so wichtig, was um mich herum geschieht. Viel wichtiger ist die Frage, was das Geschehen in mir bewirkt. Was kann ich hier von Gott sehen, das mir ansonsten verborgen bliebe? In jeder Situation, bei jedem Ereignis, bei jeder Begegnung gilt es zu fragen: Welche Reaktion verlangt Gott hier von mir? Die Jüdin Etty Hillesum, die im Konzentrationslager Birkenau interniert war, sah das Gute in den Herzen ihrer Wärter. Das ist Kontemplation, das ist der Wille, die Welt zu sehen, wie Gott es tut. Es ändert vielleicht nichts an der Schwierigkeit, der Langeweile oder dem Unrecht einer Situation, doch sehr wohl kann es eine Veränderung in unserem Herzen bewirken. Es beeinflusst unsere Reaktion auf die Welt und die Tiefe unserer eigenen Einsichten. Ohne Achtsamkeit bleibt ein Feind für immer ein Feind und das Leben für immer farblos.

Bis ich mir der Welt, in der ich lebe, wirklich bewusst werde, kann ich aus einer Situation nicht mehr gewinnen als einen vagen Umriss der Realität, eine Art Karikatur der Zeit. Es braucht ein ganzes Leben, um wirklich zu verstehen, dass Gott in dem ist, was wir vor uns sehen. Manche verwenden den Großteil ihres Lebens darauf, Gott im Nebel zu suchen, hinter den Wolken, hinter der Dunkelheit. Erst wenn wir Gott in unseren Mitmenschen, in der Schöpfung, im Augenblick entdecken, beginnt unsere spirituelle Reise.

Alles, was mir im Leben begegnet, hat das Potenzial, mich über mein vordergründiges Selbst hinauszuführen zu meinem wirklichen Selbst, zum Unbedingten, zum höchsten Gut, das Gott ist. Doch bevor dies geschehen kann, muss ich selbst darin zum Leben erwachen. Bei allem im Leben können wir uns die Frage zu stellen: Was sagt mir diese Situation über das Leben? Und warum? Erst wenn wir lernen, alle Teile unseres Lebens in ihrer Tiefe zu betrachten, beginnt unsere Seele zu leben.

Spiritualität bedeutet, sich immer und bei allem die eine Frage zu stellen: Wie und wo zeigt sich Gott mir hier?

Alltag

Abba Poimen sagte über Abba Pior,
dass dieser jeden Tag
einen neuen Anfang machte.

Eine der schwierigsten, aber vielleicht fruchtbarsten Aufgaben des Lebens ist die hohe Kunst, jeden Morgen aufzustehen und zu tun, was getan werden muss – und sei es nur aus dem Grund, dass es unsere Pflicht ist. Sich den Anforderungen des Tages zu stellen und weiterzumachen, erfordert eine besondere Art von Mut. Der Alltag stellt unsere Standhaftigkeit auf eine Bewährungsprobe, die alles andere als leicht ist.

Das Einfachste ist natürlich, vor dem Leben davonzulaufen. Das kann jeder, und jeder will es am ein oder anderen Punkt seines Lebens auch. Denn selbst wenn wir es schaffen, die unfruchtbaren und trostlosen Abschnitte des Lebens hinter uns zu bringen, bekommen wir am Ende weder einen Orden noch eine Goldmedaille verliehen. Die Versuchung ist groß, die schwierigen Dinge im Leben einfach beiseitezulegen, sich der Hitze des Tages zu entziehen, dem langweiligen Alltag zu entfliehen und seinen Pflichten und öden Routinen davonzulaufen, wenn es anderswo doch so viel aufregender und befriedigender zu sein scheint.

Natürlich sind es nur wenige, die am Ende tatsächlich gehen. Doch ist es auch keine Lösung, einfach dort zu bleiben, wo wir sind, nur weil wir nicht wissen, wohin wir sonst gehen könnten. Es kommt vielmehr darauf an, dort zu bleiben, wo wir sein sollen, und uns bewusst zu werden, dass der Alltag das wahre Übungsfeld der Spiritualität ist. Dann wird das Bleiben mehr als ertragbar; es wird machbar.

Regelmäßigkeit ist seit je, in jedem Jahrhundert, in jeder Tradition, Bestandteil des spirituellen Lebens. Die Regel des heiligen Benedikt schreibt einen bestimmten Rhythmus von Gebetszeiten, Arbeitszeiten und Lesungen vor, die zusammen das Rückgrat des monastischen Lebens bilden. Aus welchem Grund? Sollen sich die Mönche etwa langweiligen? Nein, sie sollen ein konstantes Leben führen. Die regelmäßige Wiederkehr von spirituellen Übungen und die Gewohnheit des Alltags richten das Herz und den Geist auf einen Mittelpunkt aus. Ein Leben, in dem es nur Wechsel und Neues, Unbekanntes und Ungewohntes gibt, irritiert den Geist und lenkt den inneren Blick in ständig andere Richtungen.

Alltag, Routine und Gleichförmigkeit machen das Herz frei, um sich mit wichtigeren Dingen zu beschäftigen. Die Wüstenmönche flochten an jedem Tag ihres Lebens Körbe, um Almosen für die Armen zu sammeln – und wenn sie die Körbe am Ende des Monats nicht verkauft hatten, lösten sie sie wieder auf und begannen von Neuem. Das Ziel war, den Körper zu beschäftigen und den Geist frei zu machen. Stumpfsinnige Arbeiten – wie den Rasen zu mähen, den Gehsteig zu fegen oder die Fenster zu putzen – sind keine Bürde, wenn der Geist erfüllt ist und das Herz wie ein Laserstrahl seinen Weg zu Gott findet. Wir erwarten, dass Einkehrtage, Gottesdienste oder besondere Zusammenkünfte uns zu Gott führen, obwohl Gott doch die ganze Zeit bei uns ist und wir nur zu beschäftigt, zu abgelenkt sind, um es zu bemerken. Wir hasten von Ort zu Ort, von Ding zu Ding, springen von Idee zu Idee und erkennen Gott in der Monotonie des Alltags nicht. Wir schenken unserer Seele keine Pause und müssen feststellen, dass sie spirituell am Verhungern ist, wenn wir sie am meisten brauchen.

Das Alltägliche kann uns frei machen für die Dinge, die mit Gott zu tun haben. Indem wir uns durch Gebet und Schriftlesung rüsten, können wir die Zeiten der Routine zu Zeiten der Reflexion machen. So kann Gott in Momenten, die unseren Geist nicht fordern, ganz bewusst anwesend sein kann. Jeden Tag macht der spirituelle Mensch einen neuen Anfang. Immer wieder versucht er aufs Neue, den Sinn des Lebens auszuloten, eins zu werden mit dem Herzen Gottes, das sich so deutlich in der Welt um uns zeigt, wenn wir es nur wahrnehmen. Wenn wir spirituell leben wollen, müssen wir Zeit für Gott haben. Die Routinezeiten des Lebens, die öden Zeiten des Alltags – der Weg zur Arbeit, Putzen, Kochen, Wartezeiten – schenken uns Raum. In diesen Momenten können sich die Gedanken Gottes in uns ausbreiten, während die Welt um uns sich weiterdreht. So rüsten wir uns für das Chaos, das die Ablenkungen, die tausend Dinge, der Wandel und Wirbel einer Welt mit sich bringen, die ständig in Bewegung ist.

Spritualität bedeutet, sich jeden Tag aufs Neue daran zu erinnern, den Alltag in eine Zeit mit Gott zu verwandeln.

Arbeit

Einer der Alten sagte: «Ich wollte nie etwas arbeiten, das für mich selbst von Vorteil war, aber unnütz für andere. Denn ich habe diese Hoffnung, dass das, was anderen hilft, ersprießlich für mich ist.» Und Abba Theodor von Pherme sagte: «Heute setzen sich viele zur Ruhe, bevor Gott sie ihnen gibt.»

In unserer Gesellschaft ist Arbeit zu einem Mittel geworden, sich mit dem verdienten Geld Dinge zu ermöglichen, die wir gern tun würden, wenn wir nicht arbeiten müssten. Nichts kann vielleicht besser erklären, was wirklich mit der Qualität der Welt um uns geschehen ist, als dieser Zugang zur Arbeit. Wenn es irgendetwas gibt, womit sich spirituelle Tiefe in einer an Erwerbsarbeit ausgerichteten Gesellschaft messen lässt, dann ist es sicherlich die Arbeit, die wir tun, und der Grund, warum wir sie tun, oder umgekehrt, die Arbeit, die wir nicht tun würden, und der Grund dafür.

Für einen spirituellen Menschen ist seine Arbeit die Antwort auf seine spirituelle Einsicht. Tatsächlich ist die Arbeit eines jeden Menschen Antwort auf die Tiefe – oder Oberflächlichkeit – seiner Einstellung gegenüber der Schöpfung. Die Überzeugung, dass Gott in allen Dingen wohnt, hat einen großen Einfluss auf die Lebensweise eines Menschen. Das, woran wir glauben, bestimmt unser ganzes Tun. Wenn ich ganz in Gott aufgegangen bin, gibt es für mich nichts mehr, was nicht heilig ist. In der Regel des heiligen Benedikt heißt es: «Betrachte alle Geräte und den gesamten Besitz des Klosters» – die Wassereimer und Pflanzen, die Spaten und das Land – «als heiliges Altargerät.» Die Haltung, die aus diesem Satz spricht, ist zutiefst spirituell.

In der Heiligkeit des Universums offenbart sich uns das Antlitz Gottes. Dieses Antlitz zu entstellen im Namen von etwas, das des Gottes, der es geschaffen hat, nicht würdig ist – Profitgier, Neid, Freizeit, Fortschritt, Produktion, «nationale Verteidigung» –, ist Blasphemie.

Einer der herausforderndsten, doch oft übersehenen Aspekte der Schöpfungsgeschichte ist, dass die Schöpfung am Ende der biblischen Erzählung überhaupt nicht fertig ist! Stattdessen hat Gott uns die Aufgabe übertragen, den Prozess zu vollenden. Was wir Menschen hier auf Erden tun, führt den Schöpfungsprozess entweder weiter oder behindert ihn. Alles hängt davon ab, welche Sichtweise wir auf das Leben und unsere Rolle in der fortwährenden Schöpfung der Welt haben.

Arbeit ist unser Beitrag zur Schöpfung. Sie bringt uns mit dem Rest der Welt in Verbindung. Sie erfüllt unsere Verantwortung für die Zukunft. Gott hat uns eine intakte Welt übergeben, die genug für alle bietet. Die spirituelle Frage unserer Zeit ist, welche Art von Welt wir jenen hinterlassen, die nach uns kommen. Spirituelle Menschen streben danach, die Welt nach dem Vorbild Gottes zu formen. Ein verantwortungsvoller Umgang mit der Umwelt bringt die Herrlichkeit Gottes in das Material der Gegenwart, in den kleinen Teil des Planeten, für den wir verantwortlich sind.

Der ideale Zustand, so wissen wir, ist nicht, Arbeit zu vermeiden. Das erste, was Gott von Adam verlangt, ist, dass er «den Garten Eden bebaue und behüte». Gott fordert die Menschen also schon vor dem Sündenfall zur Arbeit auf. In der jüdisch-christlichen Tradition ist Arbeit keine Strafe für Sünde. Arbeit ist das Kennzeichen eines gewissenhaften Menschen. Wir leben nicht, um irgendwann nicht mehr arbeiten zu müssen. Wir leben, um unsere Arbeit gut zu tun, mit einer Absicht, mit Ehrlichkeit, Qualität und Kunstfertigkeit. Der Boden, der von einem spirituellen Menschen gefegt wurde, ist noch nie besser gefegt worden. Die Kartoffeln, die ein spiritueller Mensch anpflanzt, schädigen nicht den Boden, in dem sie wachsen, mit der scheinbaren Rechtfertigung, ihn zu kultivieren. Die Maschinen, die ein spiritueller Mensch entwirft und baut, sind nicht dazu da, Leben zu zerstören, sondern um das Leben für jeden Menschen zu verbessern. Die Menschen, die ein spiritueller Mensch bedient, erhalten dieselbe Zuwendung, die Gott auch uns gibt.

Spirituelle Menschen sind überwältigt von der Vorstellung, den «Garten zu bebauen und zu behüten». Arbeit lenkt uns nicht von Gott ab. Sie bringt das Gottesreich näher, als es war, bevor wir da waren. Arbeit führt uns nicht weg von Gott, sondern setzt Gottes Werk durch uns fort. Arbeit ist das Priestertum der Menschheit. Sie verwandelt das Gewöhnliche in die herrliche Pracht Gottes.

Wahre Spiritualität ist das Gegenteil eines «abgehobenen» Lebensstils. Sie bedeutet, meine Arbeit so zu verrichten, als hinge der Erhalt der Schöpfung davon ab, was ich in diesem kleinen und ansonsten völlig unwichtigen Zeitraum tue, den ich mein Leben nenne.

Aufgeschlossenheit

Ein Bruder fastete siebzig Wochen lang. Nur einmal in der Woche nahm er Nahrung zu sich. Er fragte Gott nach der Bedeutung einiger Worte in der Heiligen Schrift, doch Gott antwortete ihm nicht. Schließlich sagte der Alte zu sich selbst: «Schau, nun hast du dich so bemüht und doch keinen Fortschritt gemacht. Deshalb geh nun zu deinem Bruder und frage ihn.» Als er die Tür hinter sich geschlossen hatte und sich auf den Weg machte, erschien ihm ein Engel Gottes. Der sprach zu ihm: «Siebzig Wochen lang fasten hat dich Gott nicht näher gebracht. Aber nun, da du demütig genug bist, um zu deinem Bruder zu gehen, bin ich zu dir geschickt worden, damit ich dir die Worte erkläre.» Dann erläuterte der Engel die Bedeutung der Worte, nach der der alte Mann gesucht hatte, und ging wieder fort.

Wer sich im Namen Gottes vor der Weisheit der Welt um uns herum verschließt, legt eine Arroganz an den Tag, die im Lexikon der menschlichen Irrtümer ihresgleichen sucht. Sie macht das Leben zu einem Gefängnis, in dem – im Namen der Heiligkeit – Gedanken in Ketten gelegt werden und Weitblick verdammt wird. Sie macht uns selbst zu unserem eigenen Gott und Spiritualität zu einem armseligen Vorwand.

Wenn eine Religion alle anderen Traditionen für leer und unwissend, unzulänglich und unheilig erklärt, versündigt sie sich. Denn dadurch ignoriert sie die Stimme Gottes, die uns durch das Leben, die Weisheit und die spirituelle Vision anderer anspricht. Dieses Ausschließen der mannigfaltigen Offenbarungen Gottes hat schwerwiegende Folgen: Wenn wir anderen den Zugang zu unserem Herzen verwehren, haben wir auch Gott den Zutritt verwehrt. Diese Erkenntnis ist von größter Bedeutung und Herausforderung, denn Offenheit für die Gegenwart und das Wort Gottes in den anderen gehört zum wahren Kern des spirituellen Lebens.

Wenn wir lernen wollen, unser Herz zu öffnen, ist der erste Schritt, die Tür zu unserem Leben aufzustoßen. Ein Mensch, der nie einen Menschen anderer Hautfarbe an seinen Tisch eingeladen hat, nimmt sich selbst die Möglichkeit zu wachsen. Wer nie einem Fremden vertraut hat, hat eine Möglichkeit verpasst, die geteilte Menschlichkeit unter Beweis zu stellen. Ein Mann, der nie mit einer Frau im Team, oder besser noch als Führungskraft, gearbeitet hat, beraubt sich selbst der Chance, vom anderen Geschlecht zu lernen. Ein Wohlhabender, der sich nie mit einem Obdachlosen unterhalten hat, niemals eine Tasse Kaffee mit seiner Reinemachefrau trinkt, an keiner Hilfsaktion für Arme teilnimmt, lebt in einer abgeschlossenen Kapsel. Die Welt, die jene Menschen kennen, kann ihnen niemals alle Antworten geben, nach denen sie suchen. Ein Erwachsener, der nie ein Kind nach seinen Gedanken über das Leben gefragt und dessen Antwort wirklich zugehört hat, ist dazu verdammt, weltfremd und unwissend durchs Leben zu gehen. «Sobald jemand anklopft oder ein Armer ruft», so weist die Benediktsregel den Klosterpförtner an, «antworte er: ‹Gott sei Dank› oder ‹Segne mich›». Mit anderen Worten: Gott sei Dank, dass jemand kommt, um unser Wissen über die Welt zu erweitern und unserem winzigen Teil des Universums eine andere Art des Denkens und Seins zeigt.

Aufgeschlossenheit ist die Tür, durch die Weisheit zu uns kommt. Erst wenn wir sie öffnen, beginnt das spirituelle Leben. Aufgeschlossenheit ist der Aussichtsturm, von dem aus wir erkennen, dass die Welt viel größer und weiter ist als wir selbst, dass es eine Wahrheit gibt, die sich von der unseren unterscheidet. Die Stimme Gottes, die wir in uns hören, ist nicht die einzige, die es gibt.

Aufgeschlossenheit bedeutet nicht, sich immer und überall freundlich zu geben oder anderen Leuten stillschweigend zuzuhören, deren Meinung wir ganz und gar nicht teilen. Aufgeschlossenheit meint keine politische oder bürgerliche Tugend oder «Nettigkeit». Sie ist auch mehr als bloße Gastfreundschaft. Sie ist die großzügige Öffnung des Geistes für neue Ideen und neue Möglichkeiten. Ohne eine grundlegend offene Geisteshaltung ist Kontemplation nicht möglich. Gott spricht in jeder Stimme, verbirgt sich hinter jedem Gesicht, ist gegenwärtig in jedem Augenblick, erscheint in der Tiefe jeder Anstrengung. Wenn wir uns davor verschließen, nehmen wir uns die Möglichkeit, von Neuem wir selbst zu werden.

Spiritualität bedeutet, dass wir das Tor zu unserem Leben weit öffnen, und jeden Tag eine neue Erfahrung, eine neue Person, eine neue Idee in uns aufnehmen und uns fragen, was sie über uns sagt. Dann kann Gott, die unbedingte Wirklichkeit, das Leben über das Leben hinaus, zu uns kommen, in der Tiefe, auf aufwühlend neuen Wegen.

Beten

Abba Poimen sprach: «Die Natur des Wassers ist weich, die des Steines hart – aber der Behälter, der über dem Stein hängt, lässt Tropfen um Tropfen fallen und durchlöchert den Stein. So ist auch das Wort Gottes weich, unser Herz aber hart. Wenn nun aber ein Mensch oft das Wort Gottes hört, dann öffnet sich sein Herz für die Gottesfurcht.»

Es gibt nur eine Sache, die an der traditionellen Definition von Gebet nicht ganz stimmt: sie missdeutet Gott. «Gebet», so die alte Lehre, sei «das Erheben unseres Herzens und Geistes zu Gott». Als ob Gott eine Art hoheitsvoller Richter außerhalb von uns selbst wäre! Aber wir leben in einer Welt, deren wissenschaftliche Beschreibung Materie und Geist nicht länger wie zwei Sachen trennt, sondern die Wirklichkeit einmal als Teilchen, einmal als Energie beschreibt – und in einer solchen Welt liegt der Gedanke nahe, dass Gott nicht gebieterisch und argwöhnisch von einer Wolke aus auf uns herabblickt. Gott ist nicht die männliche Menschheit großgeschrieben. Gott ist die Energie, die uns Leben gibt, der Geist, der uns lenkt und uns antreibt. Gott ist die Stimme in uns, die uns zum Leben erweckt. Gott ist die Wirklichkeit, die in uns zur Fülle kommen will, in unserem persönlichen und gemeinschaftlichem Leben. Zu diesem Gott, der das All erfüllt, diesem persönlichen Gott, der uns innerlich ist und uns entzündet, beten wir.

Beten ist ein langer und langsamer Prozess. Zunächst einmal zeigt uns unsere Haltung gegenüber dem Beten, wie weit wir tatsächlich noch von Gottes Geist entfernt sind. Wenn der Gedanke an Gott uns befremdet, wenn das Gebet uns langweilig und sinnlos vorkommt, wenn das stille Sitzen in der Gegenwart Gottes in unserem Innern uns als reine Zeitverschwendung erscheint, dann haben wir noch nicht begonnen zu beten. Doch nach und nach – ein Wort, das uns trifft, eine Zeile aus der Bibel, ein Augenblick des Schweigens – lernen wir uns selbst kennen und entdecken die Barrieren, die wir zwischen uns und dem Gott errichtet haben, der dabei ist, uns zu verzehren.

Das Gebet ist nicht dazu da, dem Universum die Erfüllung unserer Sehnsüchte abzuschmeicheln. Gott ist das Leben und kein Automat, der die Launen der Menschheit befriedigt. Gott ist das Ziel, die Erfüllung, die innere Mitte und die Ankunft des Lebens. Ein kontemplativer Mensch betet, um offen zu sein für das, was ist, und nicht, um die Welt nach ihren eigenen kleinen Plänen umzuformen. Er betet nicht, um irgendeinen göttlichen Zorn zu besänftigen. Er betet, um sich letztlich in die Gegenwart Gottes fallen zu lassen, um in ihr leben zu lernen, um sie ganz in sich aufzunehmen. Ein kontemplativer Mensch betet, bis seine Worte in die Wortlosigkeit führen und die Gegenwart Gottes greifbarer wird als jedes Wort, erfüllender als jeder Gedanke. Mit jedem Gebet wird das harte Herz ein wenig weicher, das übersättigte Herz von Neuem lebendig, der Geist lässt seine Gedanken los und füllt sich mit Erleuchtung.

Nach und nach befreit uns das Gebet – die tiefe Reflexion über die Gegenwart und das Wirken Gottes in uns und der Welt – von der Illusion unserer Autonomie und der Verherrlichung unseres Selbst. Es führt uns über das Selbst und all seine falschen Vorstellungen hinaus zum wahren Leben. Mit jedem Gebet schlägt unser Herz ein wenig mehr im Einklang mit dem Herzen Gottes.

Spiritualität ist der Weg, auf dem wir in uns selbst hinabsteigen und durch den Tunnel der Leere gehen, bis wir im Zentrum unseres Lebens Gott finden und in ihm alles. Spiritualität erkennt in allem, was ist, Gottes Gegenwart und Wirken. Wie ist das möglich? Indem das Gebet der Schlüssel wird zum Dialog mit Gott und, letztendlich, zur Stille, die alles ist.

Demut

Abba Xanthias sprach: «Ein Hund ist besser als ich, weil auch er liebt, aber nicht urteilt.»

Abba Sarmatas sprach: «Ein Mensch, der gesündigt hat, aber sich dessen bewusst ist und seine Sünde bereut, ist mir lieber als ein anderer, der keine Sünde beging und sich selbst für einen Gerechten hält.»

Demut und Kontemplation sind die unsichtbaren Zwillinge des spirituellen Lebens: beide bedingen sich gegenseitig. Ohne die Demut, die unseren Blick vom Mythos unserer eigenen Herrlichkeit fortlenkt zur kosmischen Herrlichkeit Gottes, können wir kein kontemplatives Leben führen. Wenn wir aber einmal die Herrlichkeit Gottes kennengelernt haben, wird alles andere im Leben – uns selbst mit eingeschlossen – in den rechten Blickwinkel gerückt. Die Mondlandung hat uns damals gezeigt, wie klein und unbedeutend wir im Vergleich zum Universum tatsächlich sind, und wir kamen nicht umhin, unsere liebgewonnenen Vorstellungen von der Bedeutung der Menschheit zu überdenken. Demut führt direkt zur Kontemplation.

Demut befähigt mich, die Welt mit Ehrfurcht zu betrachten, ihre Geschenke anzunehmen und aus ihren Lehren zu lernen. Doch demütig zu sein bedeutet nicht, kleingemacht zu werden. Demut und Demütigung haben nicht im Geringesten miteinander zu tun. Demütigungen erniedrigen mich als menschliches Wesen. Demut hingegen ist die Fähigkeit, meinen rechten Platz im Universum zu erkennen: zugleich Staub und Herrlichkeit, Gottes Herrlichkeit – und dennoch Staub.

Die Regel des heiligen Benedikt ruft die Mönche auf, mit dem Psalmisten zu beten: «Ich bin ein Wurm und kein Mensch» (Psalm 22,6). Was sich für unsere egozentrische Gesellschaft anhören mag wie die Aberkennung der menschlichen Würde, ist in Wirklichkeit eine befreiende Wahrheit. Ich bin, in anderen Worten, nicht alles, was ich sein könnte. Ich bin noch nicht einmal die Fülle meines Selbst, und schon gar kein Vorbild, dem meine Familie, meine Freunde, meine Umgebung oder das Universum nacheifern sollten. Ich bin nur ich. Oft bin ich schwach, manchmal arrogant, unablässig führe ich innere Kämpfe, fast immer verstecke ich mich vor mir selbst, und meistens mangelt es mir an irgendetwas. Natürlich verberge ich meine Fehlbarkeit hinter einer schönen Maske. Doch tief in mir drin – dort, wo die Seele gezwungen ist, sich selbst ins Auge zu schauen – sehe ich, was ich wirklich bin und was nicht, ganz gleich, wie schön meine Maske auch sein mag. Erst diese Erkenntnis, so lehrt die Benediktsregel, macht uns bereit für die Vereinigung mit Gott.

Um mit Gott in Berührung zu kommen, müssen wir nicht perfekt werden – eine Vorstellung, die in einem sich täglich ausdehnenden Universum nur noch lächerlicher wird. Wenn wir die ungeschminkte Wirklichkeit annehmen, die wir selbst sind, wird es uns möglich, über uns selbst hinauszublicken. In dem Moment, in dem wir aufhören, unser eigener Gott zu sein, kann Gott in uns eintreten.

Benedikt beschreibt in seiner Regel vier Stufen der Demut, die zur Kontemplation führen. Die erste fordert uns schlicht dazu auf, die Gegenwart Gottes in unserem Leben zu erkennen. Gott, so steht es ganz klar in der Regel, ist einfach. Gott ist bei uns, ob wir diese Gegenwart, diese Macht erkennen oder nicht. Gott kann nicht gekauft, erworben, gewonnen oder erreicht werden. Gott ist der Wurzelgrund des Lebens. Der Punkt ist nicht, dass wir irgendwann bei Gott ankommen; der Punkt ist, dass wir uns selbst gar nicht von Gott trennen können. Wir können lediglich unsere Augen vor dem Einfluss und der Bedeutung von Gottes Gegenwart in uns verschließen. «O Gott, komm mir zu Hilfe», sprechen wir in meinem Konvent zu Beginn einer jeden Gebetszeit. Selbst der Drang zu beten, so anerkennen wir damit, kommt von Gott, der uns innerlich ist.

Die zweite Stufe der Demut verlangt von uns, die Gaben der anderen anzuerkennen, den Funken Gottes in ihnen, ihre Weisheit, ihre Erfahrung, selbst ihre Weisungen. Indem wir anderen unser tiefstes Inneres offenbaren, erkennen wir die Gegenwart Gottes in anderen, ja, aber gleichzeitig entledigen wir uns damit unserer Maske und der Lügen über uns selbst, mit denen wir oft genug sogar uns selbst zum Narren halten. Für eine Frau ist es die Fähigkeit zu erkennen, dass sie nicht nichts ist. Für einen Mann ist es die Gnade zu verstehen, dass er nicht alles ist. Indem wir uns für die Gaben der anderen und die Wahrheit über uns selbst öffnen, können wir Gott dort erkennen, wo er ist.

Die dritte Stufe der Demut fordert uns auf, unsere falschen Erwartungen an das tägliche Leben aufzugeben. Wenn ich mir meiner eigenen Winzigkeit bewusst bin, muss ich mich nicht mehr darum bemühen, mein eigenes Ego anstatt meiner wahren Bedürfnisse zu befriedigen. Meine Vorstellung von Herrlichkeit verändert sich, und ich kann damit aufhören, ohne Rücksicht auf andere das beste Auto, den besten Sitzplatz oder das beste Stück Fleisch auf der Platte für mich zu verlangen. Wenn ich von Gott erfüllt bin, habe ich mehr Sicherheit als irgendein Flitter des Lebens – die Annehmlichkeiten, Statussymbole, Titel, Auszeichnungen – je zu geben vermag.

Die vierte Stufe der Demut erinnert uns daran, anderen wohlwollend gegenüberzutreten. Weil ich meine eigenen Unzulänglichkeiten kenne, kann ich die meiner Mitmenschen akzeptieren. So kann ich ruhig und ohne imponieren oder Aufmerksamkeit heischen zu wollen durch die Welt gehen – meinen Blick voll und ganz auf Gott in mir gerichtet.

Dann, wenn ich mein Selbst in den rechten Blickwinkel gerückt habe, ist mein Geist frei, um sich mit Gott zu füllen.

Spiritualität bedeutet, dass wir uns jeden Tag daran erinnern, wie innerlich Gott uns ist. Diese Haltung ist sehr wichtig. Nur so können wir uns von dem Bedürfnis befreien, an diesem Tag – mit wem oder auf welche Weise auch immer – selbst Gott spielen zu wollen.

Eifer

Abba Lot suchte Abba Joseph auf und sprach: «Abba, soweit es in meinen Kräften steht, befolge ich eine nicht zu schwere Regel, faste eine wenig, bete und meditiere in Maßen und lebe in Frieden. Und soweit ich es kann, achte ich darauf, dass mein Denken rein ist. Was müsste ich außerdem noch tun?» Der Weise erhob sich und streckte die Hände zum Himmel empor. Da glichen seine Finger zehn lodernden Fackeln. Und er sprach: «Wenn du willst, dann kannst du ganz zur Flamme werden.»

Wer kann Gott schauen und leben? (Exodus 30,20), pflegten die Altväter zu sagen. Diese Frage ist von großer Bedeutung. Wenn wir nach Zeichen unseres spirituellen Fortschritts suchen, mag das Maß vielleicht genau in dieser Frage liegen: Wie kann man Gott schauen und dennoch das Leben weiterhin so abgestumpft, richtungslos und selbstzufrieden fortführen wie zuvor, als Gott noch nicht das eigene Leben mit seiner Gegenwart erfüllte, die alle anderen Dimensionen des Lebens relativiert? Gott ist nicht im Wirbelsturm, sagt der Prophet Ezechiel. Das kann ein spiritueller Mensch aufrichtig bestätigen: Gott ist nicht im Wirbelsturm. Gott ist selbst der Wirbelsturm! Gott ist die Energie, die uns antreibt, die Fackel, die uns voranleuchtet, das Leben, das uns lockt, der Geist in uns, der uns weiterträgt – jenseits aller Zweifel, über jedes Versagen hinaus, trotz aller Schwierigkeiten. Welche andere Antwort auf diese Energie wäre angemessen oder überhaupt nur möglich als eben: Energie! Wenn wir in unserem Herzen kein Feuer für die Gerechtigkeit tragen, kein unnachlässiges Verständnis für den anderen, kein Bewusstsein der eigenen Verantwortung für das Reich Gottes, kein Gehör für den drängenden, beharrlichen Ruf, über uns selbst hinauszuwachsen, keine mitreißende Hingabe an die Gemeinschaft, keine Vision von Schönheit und keine Beharrlichkeit, all das im Alltäglichen zu suchen und zu finden, dann sind wir vielleicht auf der Suche nach Gott, aber täuschen wir uns nicht: Gott ist dann nicht mehr als eine Idee für uns – so wertvoll diese Idee auch sein mag –, aber keine Wirklichkeit.

Kontemplation kann sehr gefährlich sein. Sie bringt uns in Augenkontakt nicht nur mit Gott, sondern auch mit der Welt, mit uns selbst. Und dann muss natürlich etwas unternommen werden. Die Gegenwart Gottes fordert etwas von uns. Nichts bleibt mehr, wie es war, wenn wir Gott in uns gefunden haben. Wir werden neue Menschen und sehen danach alles um uns anders als zuvor. Wir treten in Beziehung zur ganzen Wirklichkeit, zu jedem Menschen. Wir tragen die Welt in unserem Herzen: die Unterdrückung anderer Menschen, das Leid unserer Freunde, die Bürde unserer Feinde, die Ausbeutung der Erde, die Qual der Hungernden, die Träume jedes lachenden Kindes. Achtsamkeit richtet unser Herz aus, Eifer verzehrt es.

Eifer, auf griechisch «der Brennpunkt», hat damit zu tun, etwas für so wichtig zu erachten, dass es unserer Geburt einen Sinn gibt. Ohne Eifer ist das Leben nicht mehr als der Zeitraum zwischen einem sinnlosen Anfang und einem nutzlosen Ende. Ohne dass wir an etwas glauben, für das wir unser Leben hingeben, bedeutet Leben nicht mehr, als die Existenz zu fristen.

Eifer kann natürlich auch schiefgehen. Eifer, der nicht in Gott verwurzelt ist, macht den Geist krank. Dann führt er zu Antisemitismus, Homophobie oder Sexismus, dann werden Hinrichtungen, Hexenverbrennungen oder Atomkriege möglich. Wenn Eifer in einem kleinlichen Gottesbild wurzelt, führt er zur Inquisition oder den Taliban, zu Exkommunikation, Ausgrenzung und Gewissenszwang. «Es gibt den guten Eifer, der zu Gott und dem ewigen Leben führt», lehrt Benedikt, «und einen bitteren und bösen Eifer, der von Gott trennt und zur Hölle führt.» Die Warnung ist deutlich: Wir können uns selbst an die Stelle Gottes setzen, anstatt uns in seine Arme fallen zu lassen. Wenn uns etwas Geringeres als der Gott der Liebe antreibt, werden wir zwangsläufig der Welt und allem, was darinnen ist, weniger Liebe entgegenbringen und so den bösen Eifer im Namen des Gottes der Rache riskieren.

Spiritualität bedeutet, dass wir unseren Eifer auf den Gott der Liebe richten, in dem alles seinen Ursprung und sein Ziel findet. Wir müssen uns ganz in Feuer verwandeln. Glücklicherweise werden wir erkennen, wenn es so weit ist, weil wir vollkommen von Liebe erfüllt sein werden – nicht nur für Gott, sondern für alles und jeden, den Gott geschaffen hat. Es gibt kein deutlicheres Zeichen für Kontemplation. Dann, und nur dann, ist unser eigener Eifer sicher, um ihn in der Welt zu entfalten.

Erleuchtung

Amma Synkletika sprach: «Die zu Gott gehen, haben am Anfang Kampf und vielerlei Beschwerde. Danach jedoch ist die Freude unaussprechlich. Wie nämlich diejenigen, die Feuer anzünden wollen, zuerst vom Rauch belästigt werden und weinen müssen und auf diese Weise das Gewünschte erreichen – denn es steht geschrieben: *Unser Gott ist ein verzehrendes Feuer* (Hebräer 12,29) – so müssen auch wir das göttliche Feuer in uns entfachen mit Tränen und Mühen.»

Wenn wir spirituell leben möchten, dürfen wir eines nie vergessen: Religion ist der Weg und nicht das Ziel. Wenn wir auf der Stufe der Regeln und Gesetze, der Doktrinen und Dogmen stehenbleiben – so gut diese als Leitfaden auch sein mögen – und sie spirituelles Leben nennen, haben wir uns weit entfernt vom Sinn des Lebens, vom Ruf des Göttlichen, von der Erfüllung des Selbst zur Ruhe gesetzt.

Erleuchtung ist die Fähigkeit, hinter all jene Dinge zu blicken, die wir zu «Gott» machen, um Gott zu finden. Wir machen die Religion zu Gott und versäumen, Göttlichkeit an Orten und in Menschen zu erkennen, die nicht unmittelbar mit unserer Religion in Verbindung stehen, auch wenn das Gute doch oft in den einfachsten Menschen und an den entlegensten Orten am deutlichsten zutage tritt. Wir erheben nationale Ehre zu «Gott» und übersehen die Gegenwart Gottes in anderen Nationen, vor allem den nicht-christlichen. Wir erheben persönliche Sicherheit zu «Gott» und versäumen, Gott in den trostlosen und kargen Aspekten unseres Lebens zu erkennen. Wir gestalten unsere Bilder von Gott nach unserem eigenen Erscheinungsbild und übersehen Gott in allen, die anders aussehen als wir. Wir ordnen Gott ein Geschlecht zu und versäumen, Gott in allen Lebewesen zu sehen. Wir betrachten Geist und Materie als zwei getrennte Dinge, obwohl wir heute aus der Quantenphysik wissen, dass Materie einfach Kraftfelder sind, die durch den Geist der Energie verdichtet wurden. In anderen Worten: wir sind eins mit dem Universum. Wir sind weder von ihm getrennt noch etwas anderes. Wir stehen nicht über ihm. Wir sind in ihm, jeder von uns. Wir sind eingetaucht in die Energie, die Gott ist. Erleuchtet zu sein bedeutet, hinter die Form aller Dinge zu blicken, zu dem Gott, der sie im Dasein hält.

Erleuchtung blickt auch hinter die Formen und Symbole, die Gott personalisieren sollen, zu dem Gott, der zu persönlich, zu allumfassend ist, um in einer Gestalt oder Form oder in einem Namen aufzugehen. Erleuchtung lässt uns weiter sehen, als unser Kirchturm reicht, und die Gegenwart Gottes überall erkennen, in jedem, im ganzen Universum.

Erleuchtet zu sein bedeutet, mit Gott in unserem Innern und in der Welt um uns in Berührung zu sein, anstatt sich auf eine einzige Erscheinungsform, einen einzelnen Weg, die besondere Vorstellung einer Religion oder eines Volkes zu fixieren, wie gut und gut gemeint diese auch sein mögen.

In vielen Klöstern ist es Brauch, sich beim Eintritt in die Kapelle der Schwester zuzuwenden, die neben einem in der Prozession geht, und sich vor ihr zu verneigen, nachdem man sich vor dem Altar verneigt hat. Die Bedeutung eines solchen monastischen Brauchs ist klar: Gott ist genauso in der Welt um uns, in jedem von uns, wie er auch im Altar oder der Kapelle ist. Gott ist der Grundstoff unseres Lebens, der Atem unserer Seele, der uns ständig zu einem tieferen Verständnis des Lebens in all seinen Formen ruft.

Erleuchtet sein bedeutet zu wissen, dass das Himmelreich nicht «kommt». Das Himmelreich ist hier. Wir haben es bloß noch nicht erkannt, weil wir, wie König Artus auf seiner Suche nach dem heiligen Gral, an den falschen Orten suchen, die falschen Idole verehren und an falschen Vorstellungen von Gott festhalten. Wir sind ständig unterwegs und auf der Suche, obwohl doch dieser Ort – der Ort, an dem ich stehe, wo immer das sein mag – der Ort meines Pilgerwegs zu Gott ist, der Ort meiner Vereinigung mit dem Leben, aus dem alles Leben kommt.

Spiritualität bedeutet, dass ich all meine Vorstellungen über das Getrenntsein von Gott über Bord werfe und Gott zu mir sprechen lasse durch alles, was durch das Universum in die Poren meines kleinen Lebens sickert. Dann werde ich mich selbst, wie Amma Synkletika verspricht, genau an dem Punkt wiederfinden, wo das göttliche Feuer entflammt.

FRIEDEN

Amma Sarah sprach: «Wenn ich Gott darum bitten würde, dass durch mich alle Menschen erleuchtet würden, sähe ich mich voller Reue an der Tür eines jeden Hauses stehen. Stattdessen will ich darum beten, dass mein Herz gegenüber jedermann ohne Schuld sei.»

Ein spiritueller Mensch unterscheidet sich nicht dadurch von seinen Mitmenschen, wie andere über ihn denken, sondern dadurch, wie er über andere denkt. Unsere Aufgabe im Leben ist nicht, andere zu bekehren, Einfluss auf sie zu nehmen oder, schlimmer noch, sie zu beeindrucken. Unser Ziel im Leben ist es, uns von den falschen, überzogenen Vorstellungen, die wir von uns selbst haben, zu lösen, um ein Bewusstsein von Gottes Herrlichkeit in anderen zu entwickeln. Doch das ist leichter gesagt als getan. In einer Welt, in der alles Andersartige, Fremde und Unbekannte unser Gefühl der Sicherheit und die Strukturen der sozialen Kontrolle bedroht, ist es gar nicht so einfach, die Seele zu öffnen. Denn schließlich wissen wir, wer die Kontrolle haben sollte, und wir können nicht zulassen, dass Außenseiter das System bedrohen, das auf Werten beruht, die wir selbst für unantastbar erklären.

Schon früh lernen wir in unserer Kultur, dass die Welt uns zur Verfügung steht und, wichtiger noch, dass wir die Norm der Menschheit sind. Wir im Westen glauben gern, dass wir an ihrer Spitze stehen. Natürlich sagt es niemand laut, aber dennoch weiß es jeder: Andere Kulturen sind nicht annähernd so «modern», so «fortschrittlich» oder «entwickelt» – also zivilisiert – wie der Westen. Andere ethnische Gruppen sind nicht halb so schlau und gebildet. Andere Völker sind nicht halb so menschlich. Wir teilen die Menschen nach ihren

Leistungen ein, und wir, so beweist es schließlich unsere Geschichte, unsere Wirtschaft und unsere Macht, stehen ganz oben in der Hierarchie.

«Wir» und «sie» – das sind die Kennzeichen eines Zeitalters, in dem ganze Völker durch Flucht und Immigration auseinandergerissen werden und doch alle untrennbar miteinander verbunden sind, weil es keine natürlichen Grenzen mehr gibt. Wir haben nun tatsächlich *eine* Welt. Doch obwohl all ihre Bewohner auf sehr komplexe Weise miteinander verflochten sind, gibt es schmerzhaft große Unterschiede. Wir leben in einer Welt, einer Stadt, einer Wohngegend, in der es viele von «ihnen» gibt, aber nur wenige von «uns». Wir, das ist klar, haben ein natürliches Recht auf alles, was wir brauchen, um in Würde und Sicherheit zu leben. Sie hingegen müssen auf diese Dinge warten oder härter dafür arbeiten oder manchmal einfach danebenstehen und zusehen, wie wir aufbrauchen, was ihnen fehlt. Und das Ergebnis davon ist, dass sich die Welt in dem Versuch, einige von uns gegen den Rest von ihnen zu verteidigen, wiederfindet in Kämpfen um Arbeit, in Konflikten um Lebensmittelkarten, in Kriegen um Wasser, Kriegen um Land und, am allertraurigsten, Kriegen um ethnische Säuberung.

Doch das soziale Problem ist eine Sache, das spirituelle eine andere. Diese Kämpfe, diese Kriege finden nicht irgendwo anders auf der Welt statt, sondern mitten im Herzen der Menschen. Das ist die Wirklichkeit. Und wir teilen immer noch die Welt in Zugehörige und Außenseiter ein, obwohl es – in der Wirklichkeit – so etwas wie Außenseiter gar nicht mehr gibt. Die ganze Stadt, die ganze Welt lebt in meinem Wohnzimmer. Die ganze Stadt, die ganze Welt kämpft um mein Herz. Nur spirituelle Menschen können wohl gut leben in einer Welt, deren Sicherheit von einem offenen Herzen abhängt.

Es gibt wenige Dinge im Leben, die einem Menschen, der Engstirnigkeit zu seiner Religion gemacht hat, mehr Angst machen als der Fremde. Doch umgekehrt gibt es nur wenige Dinge, die für einen spirituellen Menschen aufschlussreicher sind als der Fremde, denn er erkennt im anderen, was ihm selbst fehlt. Für jene, die hinter den äußeren Erscheinungsbildern die Strahlen des göttlichen Geheimnisses in unserer profanen Welt erblicken, ist es der Fremde, in dem Gottes Wort am hellsten strahlt.

Für spirituelle Menschen ist der Fremde der Engel, der mit Tobias ging, der göttliche Besuch bei Abraham und Sara, der Klang des «Ave» im Garten Marias, der Ruf in ein Leben, das wir nicht kennen und nicht vorhersagen können. Es ist der Fremde, der uns unsere vorgefertigten Meinungen über das Leben nimmt und unsere Gemeinplätze über die Welt ins Wanken bringt. Es ist der Fremde, der das Übernatürliche natürlich macht. Es ist der Fremde, der all unsere guten Absichten auf die Probe stellt.

Spiritualität bedeutet, dem Fremden Herz und Tür zu öffnen. Keine binnenkirchliche Religiosität kann die Begegnung mit dem Fremden ersetzen, denn in ihm begegnen wir dem Wort, das unser begrenztes Herz aufruft, weit zu werden. Spiritualität bedeutet, dass unser

Leben und unsere Rede vom Frieden zeugt, überall, jedem Menschen gegenüber. Wir müssen gut von jedem Menschen reden, den wir nicht kennen, von dem wir aber wissen, dass er ebenso erfüllt ist von Gott wie wir, wenn nicht mehr.

Gemeinschaft

Der Altvater Kassian erzählte: Einst kam Abba Johannes, der Vorsteher eines großen Klosters, zum Altvater Pambo, der vierzig Jahre in äußerster Einsamkeit verbracht hatte. Und da er ihn sehr liebte und ihm vertraute, sagte er zu ihm: «Du, der so lange Zeit Einsiedler bist und kaum von einem Menschen belästigt wirst, was hast du vollbracht?» Er antwortete: «Seit ich in der Einsamkeit bin, hat die Sonne mich nie essen sehen.» Da sprach aber Abba Johannes: «Und mich hat sie nie zornig gesehen.»

Einsamkeit – ein Element des spirituellen Lebens, das gerne romantisiert und oft übertrieben wird – bietet gewiss ganz eigene Möglichkeiten der inneren Entwicklung. Doch wie Abba Johannes andeutet, kann es gleichwohl auch gefährlich sein, die Einsamkeit als Brennofen für die Seele zu wählen. Denn es macht die Verlockung groß, spirituelle Entwicklung an einem geringeren Standard zu messen, als ihn das Evangelium beschreibt. Die Altväter wussten, dass ein Leben in Abgeschiedenheit dazu verführen kann, religiöses Training mit Heiligkeit zu verwechseln. Wenn körperliche Askese und Einhaltung von Regeln, Fastenzeiten und Routinen der Maßstab unserer Spiritualität ist, dann wird geistliches Reifen zur Angelegenheit einer Art spirituellen Mathematik. Wir zählen zusammen, was wir getan haben, was wir «aufgegeben» haben und was wir vermeiden, und halten uns selbst für heilig. Das Problem dabei ist, so wussten die großen Meister des spirituellen Lebens, dass eine solche Messmethode nur einen Teil der Wirklichkeit erfasst. Ein ganzer Mensch zu werden, umfassende spirituelle Reife zu erlangen, ist außerhalb der menschlichen Gemeinschaft nicht möglich.

Ein wahrhaft spiritueller Mensch muss sich nicht vom Leben zurückziehen, um Gott zu finden. Er hört die Stimme Gottes in der Stimme des anderen, sieht das Antlitz Gottes im Gesicht seines Gegenübers und erkennt den Willen Gottes in seinen Mitmenschen. Er dient dem Herzen Gottes, indem er die Wunden des anderen pflegt und sein Rufen erhört. «Die stärkste Art von Mönchen», besagt die Benediktsregel, «sind die, welche in Gemeinschaft leben … Allein zu leben soll nur selten erlaubt werden.» Der heilige Basilius, ein früher Führer des östlichen Mönchstums, bringt es mit seiner Frage auf den Punkt: «Wessen Füße soll der Einsiedler waschen?» Die Aussage ist klar: Es ist die menschliche Gemeinschaft, die den spirituellen Kern eines Menschen auf den Prüfstein stellt.

Gemeinschaft, lehrt Abba Johannes, schenkt uns die Art von Beziehungen, die uns helfend durch die Minenfelder unserer Selbstsucht begleiten, die uns mit unserer Verantwortung konfrontieren, uns über uns selbst hinauswachsen lassen und Tag für Tag unser Mitgefühl herausfordern. Indem wir in den Bedürfnissen anderer erkennen, was wir selbst loslassen und drangeben sollen, werden wir tatsächlich frei von uns selbst. Indem wir uns den Herausforderungen der Zeit stellen, lassen wir den Geist zu uns sprechen. Indem wir uns mit der sturen Unnachgiebigkeit anderer beschäftigen müssen, erkennen wir unsere eigenen Verfehlungen. Indem wir in unserer Umwelt den Willen Gottes für uns entdecken, wird unsere Reaktion auf die Menschheit zum Maßstab der Qualität unserer Seele.

Wenn Ärger unvermindert und ungeschlichtet in uns wütet, löschen wir den anderen in uns aus. Wenn Monate vergehen und wir nicht einmal mit unseren Nachbarn reden, sie nie besuchen, uns nie dazu aufraffen, unsere Einsiedelei für andere zu verlassen, verleugnen wir die Schöpfung. Wenn wir uns gegen Ratschläge anderer sträuben und ihren Anfragen einfach ausweichen, dann hat Gott keine Stimme, die zu uns durchdringen könnte.

Der spirituelle Mensch sieht den Schöpfer im Glanz der Schöpfung. Gott, so weiß er, ist in allem, was ist. Das Gute, das wir in anderen sehen, lässt uns einen Blick auf Gottes Angesicht erhaschen. Was wir von anderen lernen, lernen wir über uns selbst. Der Respekt, den wir anderen entgegenbringen, spiegelt unsere eigene Einstellung zur Schöpfung wider. Die Art, wie wir auf die Bedürfnisse anderer reagieren, ist ein Hinweis auf unsere eigenen Bedürfnisse. Die Aufmerksamkeit, die wir anderen schenken, wirft Licht auf unseren wahren Sinn für die Weite des Universums und lässt uns über uns selbst hinauswachsen. Der unerschütterliche Glaube anderer dient uns als Vorbild, wenn unser eigener Glaube wankt. Die Sichtweite anderer erweitert unseren eigenen Blick über den Alltag hinaus. Die Weisheit anderer kann uns helfen, Antworten zu finden, die nicht an der Oberfläche stehenbleiben. Wir sind aufeinander angewiesen, um jene Liebe zu finden, die unserem Leben Bedeutung schenkt, jene Liebe, die uns die ewige Liebe Gottes verbürgt, den kein Begriff einfangen kann.

Was unsere Spiritualität taugt, hängt davon ab, ob wir aufrichtig den Platz betrachten, den wir in der menschlichen Gemeinschaft einnehmen sollen. Spiritualität bedeutet zuzulassen, dass andere jeden Tag die engen Grenzen, die wir um unser Leben gezogen haben, überqueren – und auf ihre Aufforderung zu hören, mehr zu sein als das, was wir sind.

Gerechtigkeit

Abba Jakob sprach: «Wie die Lampe in einem dunklen Gemach Licht verbreitet, so ist es auch mit der Gottesfurcht: wenn sie in das Herz des Menschen kommt, erleuchtet sie ihn und lehrt ihn alle Tugenden und alle Gebote Gottes.»

Das spirituelle Leben birgt eine Gefahr: Oft wird Spiritualität als Rechtfertigung dafür benutzt, sich nicht mit den großen Fragen des Lebens auseinanderzusetzen. Kontemplation wird zur Entschuldigung dafür, dass man die Welt dem Verfall überlässt. Diese Art, das spirituelle Leben zu benutzen, ist nicht nur traurig, sondern grundlegend falsch. Wenn Kontemplation bedeutet, die Welt zu sehen, wie Gott es tut, dann müssen wir sie ganz genau betrachten. Wenn Kontemplation bedeutet, in den Geist Gottes einzutauchen, dann müssen wir lernen, über die Grenzen dessen hinauszudenken, was auf unserer kleinen Tagesordnung steht. Wenn Kontemplation bedeutet, das Herz Gottes in das Herz der Welt zu bringen, dann muss es uns mehr als jeden anderen schmerzen, wenn Gottes Wille im Herzen des Universums keine Beachtung findet.

Kontemplation, die Suche nach dem Heiligen in den Wirren der Zeit, besteht nicht um ihrer selbst willen. Kontemplativ zu sein bedeutet nicht, sein Leben in einer Art spirituellem Whirlpool, einem heiligem Wellness-Center zu verbringen, das dazu da ist, die Menschheit vor den steinigen und schmutzigen Abschnitten des Lebens zu bewahren. Kontemplation ist nicht der Beginn einer spirituellen Weltflucht. Sie ist das Eintauchen in die Energie des Universums, um uns mit der Kraft, der Achtsamkeit, dem Geist, dem Herzen und Willen Gottes zu füllen, aus dem wir schöpfen. Die Mystiker aller großen religiösen Traditionen äußern sich dazu: «Der Lotus des Herzens ist die Wohnstätte Gottes», heißt es im Hinduismus. «Der Buddha ist allgegenwärtig, an allen Orten, in allen Wesen, in allen Dingen, in jedem Stück Erde», sagen die buddhistischen Meister. «Überall, wo du dein Gesicht hinwendest, dort ist Gottes Angesicht. Gott ist das Licht des Himmels und der Erde», lehrt der Islam. Und das Christentum erinnert uns daran, dass «Gottes unsichtbares Wesen, seine ewige Macht und Göttlichkeit seit der Erschaffung der Welt an seinen Werken zu erkennen sind» (Römer 1,20). Doch wenn alle Dinge von Gott kommen, dann müssen sie alle mit der fürsorglichen Hand Gottes behandelt werden, die Gerechtigkeit heißt.

Die Aussage dieser traditionellen Lehren ist klar: Gott ist nicht das Eigentum eines einzigen Volkes oder einer bestimmten Tradition. Und genau in diesem Sinne sollen wir auf das Göttliche in jedem Menschen reagieren: Gott will die Sorge um die Armen ebenso wie den Lohn der Reichen; also müssen auch wir so handeln. Gott will, dass der Unterdrücker, der den am Boden Liegenden mit Füßen tritt, zu Fall gebracht wird. Und deshalb muss dies auch unser Ziel sein. Gott will, dass alle Menschen frei werden. Und deshalb muss dies auch unser Wille sein. Gott sehnt sich danach, dass jeder Mensch seine volle menschliche Entwicklung und Würde findet, und er steht auf der Seite der Wehrlosen. Und deshalb müssen auch wir es so halten. Andernfalls ist unsere Spiritualität nicht echt, kann und wird nie echt sein, denn auf den Gott der Gerechtigkeit zu schauen bedeutet, sich selbst der Gerechtigkeit zu verpflichten.

Wahrhaft spirituelle Menschen müssen also Gerechtigkeit üben, Gerechtigkeit reden und Gerechtigkeit fordern. Und genau dies tun sie auch. Thomas Merton sprach sich gegen den Vietnamkrieg aus. Katharina von Siena gab den Armen auf den Straßen ihrer Stadt zu essen. Hildegard von Bingen ermahnte Könige und Päpste zur Gerechtigkeit. Charles de Foucauld lebte unter den Armen und kümmerte sich um die Feinde seines Heimatlandes. Benedikt von Nursia gewährte Fremden Schutz vor den Gefahren der Straße und gab Bauern Schulunterricht. Wenn wir wahrhaftig im Herzen Gottes versinken möchten, müssen auch wir heute Gerechtigkeit dort üben, wo es nötig ist.

Ein spiritueller Weg, der uns nicht zu einer lebendigen Hingabe führt, Gottes Willen in die Welt zu bringen, ist kein Weg, sondern ein frommer Sumpf, eine Sackgasse auf dem Weg zu Gott. Natürlich setzt uns Kontemplation einer gefährlichen Offenheit aus. Sie bewirkt eine Veränderung unseres Bewusstseins. Wir fangen an, hinter Grenzen zu blicken, hinter Glaubensbekenntnisse, Doktrinen, Dogmen und institutionelle Interessen, geradewegs in das Antlitz eines mütterlich sorgenden Gottes, aus dem jegliches Leben entspringt. Wenn wir uns der Einheit allen Lebens bewusst sind und dennoch versäumen, alles Leben als heiliges Gut zu betrachten, verfehlen wir das Ziel der Kontemplation, in allem Leben das göttliche Leben zu erkennen. Über die Einheit allen Lebens zu sprechen, sich aber nicht eins zu fühlen mit allem Leben, ist höchstens eine intellektuelle Beschäftigung, doch niemals Kontemplation.

Kontemplation ist keine grenzenlose Ekstase, sondern Erleuchtung, die jenseits der Grenzen von Kirchturmpolitik, dumpfen Nationalgefühlen, Geschlechterkampf und Klassenzugehörigkeit liegt. Der Atem Gottes, den der Kontemplative zu atmen strebt, ist der Atem des Geistes der Mit-Leidenschaft. Ein wahrhaft spiritueller Mensch weint mit den Weinenden und erhebt seine Stimme für die Stummgemachten.

Spiritualität bedeutet, durch eine innere Umwandlung zu gehen und eine neue Art von Gegenwart in der Welt zu leben, einen anderen Weg des Daseins aufzuzeigen, durch neue Augen zu sehen und mit neuen Worten das Wort Gottes zu sprechen. Spiritualität und stillschweigende Teilnahme an einem unterdrückerischen System schließen einander aus. Spiritualität bewirkt nicht nur, dass wir uns der universellen Verbundenheit des Lebens bewusst werden, sondern gibt uns den Mut und die Kraft, diese auch zu gestalten.

Wahre Spiritualität bedeutet, die ganze Welt in Ehrfurcht in sich aufzunehmen und sie mit dem eigenen Leib zu schützen und zu schirmen, mit der Unbeugsamkeit einer Gerechtigkeit, die der Liebe entspringt. Spiritualität bedeutet, vom Atem eines Gottes zu leben, der seine Hände jeden Tag den Ausgestoßenen entgegenstreckt.

Glaube

Abba Dulas, der Schüler des Altvaters Besarion, erzählte: Als wir einmal am Ufer des Meeres wanderten, bekam ich Durst, und ich sagte zu Abbas Besarion: «Vater, ich habe großen Durst!» Der Greis sprach ein Gebet und sagte dann zu mir: «Trink aus dem Meer!» Das Wasser war süß und ich trank. Dann füllte ich noch ein Gefäß, für den Fall, dass ich unterwegs wieder Durst bekäme. Als der Alte das sah, sagte er zu mir: «Warum hast du das getan?» Ich antwortete: «Verzeih mir! Damit ich nachher nicht wieder Durst leiden muss.» Darauf sagte der Greis: «Gott ist hier und Gott ist überall.»

Glaube ist der Anfang, das Ziel und die Grundfeste des spirituellen Lebens. Glaube hat nichts mit einer Konfession zu tun. Er ist das Vertrauen in einen Gott, den wir nicht sehen und von dem wir doch wissen, dass er existiert – und wenn es nur ist, weil wir die Kraft des Lebens in uns spüren und gleichzeitig erkennen, wie klein wir selbst sind. Umhüllt von der Erkenntnis, dass Gott überall ist, überwältigt von der Anstrengung, in einem Bewusstsein zu leben, dem der Tod ein Ende setzen wird, vertraut Spiritualität auf den Prozess des Lebens.

Glaube in einem spirituellen Verständnis gründet nicht auf Zauberei oder der Vorstellung, dass Gott wie ein großer Marionettenspieler alles lenkt. Spirituelle Menschen wissen, dass Gott, der uns das Leben schenkt, es auch bewahrt und ermöglicht und uns alles gibt, was wir brauchen, um es mit tiefem Sinn und unendlicher Geduld zu bewältigen. Spirituelle Menschen wissen, was es bedeutet, im Schoße Gottes zu leben. Sie streben nach der Erfüllung der biblischen Aufforderung, «ohne Unterlass zu beten» (1 Thessalonicher 5,17), sie sind immer in Berührung mit Gott, in dessen Leben wir leben.

Glaube ist mehr als konfessionelle Rechtgläubigkeit, mehr als fromme Andacht oder rigorose Frömmigkeit. Wer glaubt, ruht in den Armen Gottes, nimmt das Heute an und vertraut dem Morgen, weil er weiß, dass Gott dabei ist, was auch immer der Tag bringen mag. Glaube ist die Zusage, die das Mögliche nutzt, auch dort, wo es keine Gewissheiten gibt. Glaube trägt durch Ungewissheit ohne Sicherheitsnetz. Glaube ist die Basis für das Vertrauen, dass das Leben Sinn und Bestimmung hat, wie unklar diese uns auch erscheinen mögen. Glaube lebt in dem Geheimnis, das Gott ist, und blüht dort, wo das Leben zur Entfaltung kommt.

Glaube hat nichts mit der Vorstellung eines Jenseits zu tun, dessen Urteile das Wasserzeichen unserer Tagesmoral tragen. Für einen spirituellen Menschen haben «Gut» und «Böse» nicht diese Bedeutung. Denn beide haben das Potenzial, sich ins Gegenteil zu verkehren. Viel an Gutem ist aus Bösem entstanden: Oft sind es unsere Verfehlungen, die uns den Weg zu mehr Wachstum öffnen, indem sie uns die Masken abnehmen, so dass wir uns selbst erkennen. Tugend gelangt nicht etwa zur Reife, weil sie nie einer Erschütterung ausgesetzt war, sondern weil sie jeder Erschütterung standgehalten hat. Auf der anderen Seite kommt es oft genug vor, dass Gutes, welche großartigen Wirkungen es auch sonst entfalten mag, zu einer Art Arroganz führt und uns in einer Weise selbstgerecht macht, dass wir gerade die Gerechtigkeit verlieren. Wer im Licht Gottes lebt, dessen gute und böse Seiten werden auf ihr eigentliches Maß reduziert angesichts des göttlichen Lebens, das beide weit übersteigt.

So wenig das Leben ein Spiel ist, das man gewinnen kann, ist Gott eine Trophäe, die wir uns verdienen können. Ganz gleich, wie «gut» wir sind, nie sind wir gut genug für Gott, und ganz gleich, wie «schlecht» wir sind, nie sind wir außerhalb Gottes. In beiden Fällen können wir nur hoffen, ein solches Bewusstsein von Gott zu erlangen, dass unsere Aufmerksamkeit nicht von kleinen, unbedeutenden, selbstbezüglichen «Göttern» gefesselt wird. Glauben heißt, sich nicht davon abhalten zu lassen, sich der Fülle des Lebens bewusst zu werden, ganz zu werden, hinter allen Zielen das große Ziel zu erfahren, eins zu werden mit allem, was ist.

Leben ist ein Prozess. Spiritualität bedeutet nicht, dass all die einzelnen Elemente des Lebens, so «weltlich» sie auch sein mögen, nicht von Bedeutung wären. Im Gegenteil: Für einen spirituellen Menschen ist alles von Bedeutung. Alles erzählt von Gott, und Gott ist zugleich in und jenseits von allem.

Glauben heißt das Leben anzunehmen, jedes Stück zu seiner Zeit, es in dem Wissen zu leben, dass etwas von Gott darin ist, jetzt, hier, in diesem Augenblick. Ein solcher Glaube gehört zum Wesen des Glücks. Gott ist kein Fahrtenschreiber, der Prüfungen und Belohnungen notiert. Vielmehr ist das Leben ein Schritt auf dem Weg zu Gott, der uns auf diesem Weg begleitet – ganz gleich, wie weit und gefährlich dieser auch sein mag.

Der Gedanke, dass wir auf einem kleinen Planeten leben, der durch das Universum wirbelt, ist das beste Rezept für Verzweiflung. Sich vorzustellen, völlig allein und ohne Sinn dahinzutreiben, ist die Quelle menschlicher Angst. Doch für den glaubenden Menschen ist es gerade dieses Geheimnis, das uns bis an den Rand unser Seele treibt – dorthin, wo das Leben der Anfang ist, nicht das Ende – und weiter, hinunter in die Tiefe unserer Seele, wo Gott, die Energie des Universums, lächelnd auf uns wartet. Es geht beim Glauben nicht darum, dass die Ampel an der Kreuzung grün wird, bevor wir sie erreichen, oder dass ein Krebsgeschwür auf Befehl verschwindet, sondern darum zu erkennen, dass das Leben das Zelt des lebendigen Gottes ist, auch wenn wir es durch unsere dürftigen Bilder vom Sein so klein machen. Die vielen Formen des Lebens sind in gewissem Maße eine Offenbarung des göttlichen Lebens, dem sie alle entspringen. Aus der Erfahrung des gelebten Lebens weiß der spirituelle Mensch, dass das künftige Leben gut sein wird.

Spiritualität bedeutet, einen Glauben zu pflegen, der über unser Bedürfnis nach magischen Lösungen für unsere täglichen Probleme hinausgeht. Wir müssen der Seele erlauben, sich über die Vorstellung von einem Gott zu erheben, der die Naturgesetze zu unserem Vorteil außer Kraft setzen könnte. Glaube kommt erst, wenn wir bereit sind, dem Dunkel zu vertrauen, das uns ins Licht führt, und den steinigen Abschnitten unseres Weges durch eine zerbrechliche Welt, auch wenn wir jeden davon nur allzu gerne umgehen würden.

GÜTE

Ein Bruder in der Wüste Sketis war gefallen. Man hielt eine Versammlung ab und schickte nach Abba Moses. Der aber wollte nicht kommen. Daraufhin sandte ihm der Priester den Auftrag: «Komm, denn das Volk erwartet dich!» Moses erhob sich und kam. Er nahm einen durchlöcherten Korb, füllte ihn mit Sand und nahm ihn auf die Schulter. Die Brüder gingen ihm entgegen und sagten zu ihm: «Was ist das, Vater?» Da sprach der Greis zu ihnen: «Das sind meine Sünden. Hinter mir rinnen sie heraus, und ich sehe sie nicht, und nun bin ich heute gekommen, um über fremde Sünden zu richten.» Als sie das hörten, sagten sie nichts mehr zu dem Bruder, sondern verziehen ihm.

Diese kleine Geschichte der Wüstenmönche sagt es deutlich: Selbstgerechtigkeit ist ein Verbrechen, begangen im Namen der Gerechtigkeit. Es ist vorstellbar, dass wir einem selbstgerechten Mönch begegnen. Es ist möglich, dass wir, wie Abba Moses, auf selbstgerechte Geistliche treffen. Es ist sehr wahrscheinlich, dass wir uns immer wieder mit einem selbstgerechten Freund, Nachbarn oder Verwandten auseinandersetzen müssen. Es ist aber auf keinen Fall möglich, einen spirituellen Menschen zu finden, der selbstgerecht ist, zumindest nicht, wenn seine Spiritualität echt ist.

Spiritualität öffnet uns den Weg zu unserem Selbst. Das Ziel dieses Weges ist Selbsterkenntnis, nicht Selbstrechtfertigung. «Je näher wir Gott kommen», sagte Abba Mateos, «desto mehr erkennen wir uns selbst als Sünder.» Wir sehen uns selbst, so wie wir sind, und weil wir uns selbst kennen, können wir keinen anderen verurteilen. Wir erinnern uns beschämt an die Sünden, die wir öffentlich begangen haben und durch die wir verletzlich wurden. Mit Bestürzen denken wir an unsere geheimen Sünden und winden uns vor Angst, dass sie aufgedeckt werden könnten. Doch wenn wir uns selbst erkennen, verändert sich plötzlich die ganze Welt. Wir werden milder. Die Frucht der Selbsterkenntnis ist Güte. Wir wissen um unsere eigene Unzulänglichkeit und kümmern uns liebevoll um die Wunden der anderen.

Das beste Maß für die Bedeutung von Güte im Leben ist die Erinnerung an unangenehme Erfahrungen in unserem eigenen Leben: Szenen aus der Kindheit, in denen andere Kinder grausam zu uns waren, Augenblicke der Missachtung, die uns zutiefst verletzt haben, Momente der Zurückweisung, die uns das Gefühl gaben, von der Welt verlassen zu sein. Wenn wir an diese Momente der Isolation denken, erinnern wir uns an die Auswirkung der zerbrochenen Hoffnung. Noch einmal durchleben wir den Schmerz des Angriffs auf das kleine bisschen Würde, das wir uns bewahrt haben, egal wie groß die Erniedrigung auch ist. Genau dann verstehen wir plötzlich, dass Güte, Mitgefühl, Verständnis und Akzeptanz die unwiderlegbaren Zeichen der Heiligkeit sind, denn wir selbst haben – oder vielleicht auch eben nicht – die heilsame Wirkung von Güte erfahren, nach der wir in solchen Situationen hungern. Güte ist ein Werk Gottes, das das Gift der Zurückweisung verdaulich macht für die menschliche Psyche.

Grausamkeit ist keine Frucht des spirituellen Lebens. Jene, die mit dem Gott, der in ihnen wohnt, in Berührung sind und mit all ihren Kämpfen und Unzulänglichkeiten, erkennen Gott in allen Dingen – vor allem aber in den Hilflosen, Zerbrechlichen und Ängstlichen. Spirituelle Menschen richten nicht über das Herz eines anderen anhand eines Maßstabs, dem sie selbst nicht standhalten würden.

Der Fallstrick einer Religion der Perfektion ist Selbstgerechtigkeit – dieses Krebsgeschwür der Seele, das höhere Anforderungen an andere stellt als an sich selbst und so die eigene Lebendigkeit noch mehr zerstört. Selbstgerechtigkeit ist eine innere Blindheit, die die Sünden der anderen zählt, ohne ein Auge für die eigenen zu haben. Die selbstgerechte Seele, die Seele, die sich mit ihren eigenen Tugenden brüstet, verwehrt sich selbst die Selbsterkenntnis, die es Gott ermöglicht, das zu übergehen, was uns fehlt, weil unser Herz auf dem rechten Weg ist. Sie hält den Geist des Lebens davon ab, die Lücken in uns zu füllen, die wir selbst nicht zu schließen vermögen, weil unser Geist nicht bereit ist zu empfangen.

Wahrhaft spirituelle Menschen empfangen den anderen mit den offenen Armen Gottes, weil sie erkannt haben, dass Gott sie selbst trotz ihrer Leere empfangen hat. Spiritualität bedeutet, jene, die die Welt ausgeschlossen hat, ohne Vorbehalte anzunehmen, denn sie sind es, die uns am klarsten das Antlitz Gottes zeigen, der auf uns wartet.

Innerlichkeit

Abba Isidor von Pelusia sprach: «Leben ohne Worte ist besser als Worte ohne Leben. Denn ein Mensch, der ein gerechtes Leben führt, steht uns schweigend bei, ein Schwätzer hingegen fällt uns lästig. Höchste Lebensweisheit aber ist da zu finden, wo Worte und Leben Hand in Hand gehen.»

Wir leben in einer hektischen und lauten Welt, die nicht vergleichbar ist mit den Einsiedeleien der Wüstenväter und -mütter im dritten Jahrhundert. Das Leben der meisten Menschen wird heute von Zeitplänen und Terminen bestimmt, ständig sind wir umgeben von anderen Menschen, werden abgelenkt und stehen unter Druck.

Zunehmend bedrängt die Gesellschaft auf jeder Ebene unser persönliches Leben und macht das Private zum Gegenstand von Organisation. Institutionen planen Familienfeste für uns und organisieren Feiern vor Ort. Institutionen entwerfen Pläne, was wir mit unserem Geld tun sollen. Den Großteil unseres Lebens bringen wir damit zu, den Anforderungen irgendwelcher Institutionen und Organisationen gerecht zu werden, obwohl diese doch eigentlich dazu geschaffen wurden, dass wir unserer Persönlichkeit Ausdruck verleihen können; stattdessen fressen sie unsere Individualität auf.

Selbst unser Umgang mit dem Gott, der uns erschaffen hat, ist in weiten Teilen von religiösen Institutionen festgelegt, die sich dabei auf die Traditionen ihrer Glaubensgemeinschaften berufen. Doch spirituelle Menschen wissen, dass Traditionen und Rituale nicht ausreichend sind, um das göttliche Leben in uns zu stärken. Sie sind bestenfalls das Rüstzeug der Religion. Spiritualität ist keine Methode, die wir verfolgen, sondern unsere persönliche Suche nach dem Göttlichen, das in uns allen wohnt.

Innerlichkeit, das Schaffen eines inneren Raumes für die Pflege des göttlichen Lebens, ist die Grundlage der Kontemplation. Innerlichkeit bedeutet, mein Inneres zu betreten, um dort mit Gott zu sein. Mein inneres Leben ist eine Reise durch die Dunkelheit an der Hand Gottes, der in mir wohnt, der mich über mich hinaus und aus mir heraus führt, um mich als ein Gefährt des göttlichen Lebens in die Welt hinauszuschicken.

Der Weg zu Gott führt über das Hinabsteigen in mich selbst: zu den Motiven, die mich treiben, den Gefühlen, die mich blockieren, den Begierden, die mich ablenken, und den Giften, die meiner Seele schaden. Ich entdecke die verschiedenen Schichten meines Selbst. Ich begegne der Angst, der Ich-Bezogenheit, den Strebungen und Süchten, die zwischen mir und meiner Hingabe an die Gegenwart Gottes stehen. Ich werde konfrontiert mit den Dingen in mir, die mich zu müde, zu desinteressiert, zu abgelenkt machen, um das spirituelle Leben zu pflegen. Ich schaffe Raum für Reflexion und führe mir selbst vor Augen, worum es im Leben wirklich geht. Ich kümmere mich um die Substanz meiner Seele.

Kein Mensch kann es sich leisten, zu beschäftigt zu sein, um regelmäßig die Tür vor dem Chaos zu schließen: zwanzig Minuten am Tag, zwei Stunden in der Woche, einen Morgen im Monat. Andernfalls werden wir in irgendeiner langen, einsamen Nacht, wenn unser Leben auseinanderzubrechen scheint, feststellen, dass wir uns irgendwann selbst aus den Augen verloren haben und zu Futter im Haifischbecken der Gesellschaft geworden sind, ohne es je bemerkt zu haben, bis uns die psychische Dunkelheit schließlich klarmacht, dass es tatsächlich so ist.

Ein kontemplativer Mensch beschäftigt sich sowohl mit seinem Selbst als auch mit Gott, damit Gott jeden Teil seines Lebens einnehmen kann. Wir leben in einer Gesellschaft, in der der Einzelne abgeschottet, aber zugleich bedrängt ist vom Lärm und Stimmengewirr der anderen. Zutiefst frustriert darüber und erdrückt von einem Gefühl der Machtlosigkeit, leiden wir unter den Wutanfällen unserer Seele. Doch ein kontemplativer Mensch weigert sich es zuzulassen, dass der Lärm ihn verschlingt und ihn taub macht für seine eigene Kleinheit und blind für seine eigene Herrlichkeit.

Innerlichkeit ist eine Übung des Dialogs mit Gott, der in unserem Herzen wohnt. Gleichzeitig ist es eine Übung still darauf zu warten, dass die Fülle Gottes unsere Leere ausfüllt. Gott wartet darauf, dass wir das Licht suchen, das all den kleinen Toden, die uns Tag für Tag aufzehren, eine Bedeutung verleiht. Innerlichkeit führt uns zu einem Bewusstsein des Lebens, das alles Leben erhält.

Durch die Pflege des inneren Lebens wird Religion erst wirklich. Ein spirituelles Leben zu führen heißt nicht einfach, in die Kirche zu gehen, auch wenn der Kirchgang sicherlich das kontemplative Leben unterstützen sollte. Kontemplation heißt, Gott in mir zu entdecken, einen heiligen Raum in einem Herzen zu schaffen, das übervoll ist von Anzeigen und Kampagnen, von

Eifersucht und Ehrgeiz. Erst dann kann Gott, dessen Geist wir atmen, voll zum Leben in uns erwachen.

Spiritualität bedeutet, sich jeden Tag Zeit zu nehmen, um die Stimmen zum Schweigen zu bringen, die in uns wüten und die Stimme Gottes übertönen. Wenn das Herz frei ist, um dem Ruf Gottes, der jede Minute der Zeit erfüllt, Raum zu geben, fallen die Ketten ab, und die Seele ist überall im Universum zu Hause. Dann wird die Psyche gesund und das Leben heil.

Gott ist nicht außerhalb von uns. Gott ist in uns, und wir müssen in unser Inneres gehen, um den Atem zu stärken, der unseren Geist erhält.

Meditation

Einmal kamen einige Schüler zu Abba Antonius. Unter ihnen war auch Abba Joseph. Der Alte wollte sie prüfen und las ihnen aus der Heiligen Schrift vor. Dann fragte er sie, beginnend mit dem Jüngsten, nach der Bedeutung der Worte. Jeder antwortete, wie er es für richtig hielt. Doch zu jedem von ihnen sprach er: «Du hast es nicht verstanden.» Zuletzt fragte er Abba Joseph: «Wie würdest du die Worte erklären?» Und Abba Joseph antwortete: «Ich weiß es nicht.» Da sprach Abba Antonius: «Wahrhaftig, Abba Joseph hat es verstanden, denn er sagt: ‹Ich weiß es nicht.›»

Kontemplation ist kein privates Hobby, sondern eine Lebensweise. Sie verändert unser Denken und formt unser Leben. Sie beeinflusst unser Reden, unsere Wege und unser Handeln. Ich kann mich nicht «in Kontemplation üben» oder «nicht üben». Kontemplation *ist* mein Leben.

Und doch gibt es ein Instrument der Kontemplation, das dem Geist auf besondere Weise Tiefe zu verleihen vermag. Es schenkt der Seele neue Weite und lenkt den Blick in neue Bahnen. Die Benediktsregel räumt dieser Übung, abgesehen von den Gebetszeiten, mehr Zeit ein als allen anderen Tätigkeiten: Aufmerksames, reflektiertes Lesen ist das Sich-Versenken in die Texte der biblischen Schriften. In der Überlieferung wird es mit dem lateinischen Begiff *lectio divina* bezeichnet («göttliche Lesung», Lesung der heiligen Schriften). Diese Meditation wird zum Hintergrund, vor dem das gesamte Leben gelebt wird. Es ist das meditative Lesen, durch das sich der Geist des Mönches selbst kennenlernt.

Das aufmerksame Lesen der Heiligen Schrift bewirkt zweierlei: Einerseits zeigt es uns, was wir selbst mitbringen, wenn wir uns vor das Wort Gottes stellen, andererseits stellt es uns Tag für Tag dem gegenüber, was das Wort Gottes uns schenken will.

Die Meditation der Heiligen Schrift nach der Übung der Mönche bedeutet das tägliche Lesen einer kleinen Passage – einer Seite, eines Abschnitt, eines Satzes –, um dann jedes Wort, jeden Absatz, jede Begebenheit, die mich besonders ansprechen oder herausfordern, auf ihre Bedeutung hin zu bedenken. Dann beginnt das Ringen der Seele. Die Fragen, die sich stellen, sind etwa: Warum ist dieses Wort oder dieser Absatz für mich von Bedeutung? Warum ärgert mich ein Wort oder eine Begebenheit? Was bedeutet dieses Wort für mich, was sagt es mir? Welche Gefühle werden in mir ausgelöst? Diese Schriftmeditation ist ein langsamer Prozess, der Reflexion erfordert und uns von den Ablenkungen des Alltags zu jenem Ort führt, wo die Seele sich zurückzieht und beim Leben einkehrt.

Dann kommt der schwierige und anstrengende Teil. Es gilt nun herauszufinden, was das Gelesene hier und jetzt, an diesem Ort, zu dieser Zeit, von mir verlangt, und was mich davon abhält, es in die Tat umzusetzen. Von überall her stürmen Antworten auf mich ein. Alte Erinnerungen drängen sich in mein Bewusstsein, mein gegenwärtiges Ringen nimmt eine neue Form an. Ganz deutlich erkenne ich: Da ist eine Leere in mir, die gefüllt zu werden bedarf. Da ist eine Vision, der es eine Gestalt zu geben gilt. Da ist Mut in meiner Seele, der gestärkt werden muss. Was ist mit mir?

Vielleicht ganz plötzlich, vielleicht aber auch qualvoll langsam, fange ich an, in mich hineinzublicken. Die Kluft wird sichtbar, die zwischen dem ist, was ich bin, und dem, was ich sein muss, wenn das göttliche Leben jemals zur Fülle in mir gelangen soll. Ich kann es nicht mehr vor mir selbst leugnen, nicht mehr verdrängen. Ich kann keinen anderen Weg mehr gehen als den, der mich

– mit weiten Armen und offenen Händen – unmittelbar zum Herzen Gottes führt. Dann öffne ich mich selbst für das Wirken des Göttlichen in mir, für den Einen, der meine ganze Zerbrochenheit zusammenfügt, für das Leben, das in den ausgedörrtesten toten Winkeln meiner Seele glüht.

Tag für Tag, Jahr für Jahr, versenkt sich der kontemplative Mensch in die Heilige Schrift, steigt wieder hinauf durch die heilige Weisheit der Jahrhunderte, geht hinaus in die Wahrheit der Zeit und lernt in jedem Moment etwas Neues über sein inneres Ringen, über Gott und über das Leben. Kontemplative Menschen wie Abba Joseph «wissen» nie wirklich, was etwas «bedeutet». Sie lernen lediglich durch jeden Satz, den sie lesen, jeden Tag ihres Lebens, immer mehr zu verstehen, dass auf dem Grund ihrer Seele Gott nach ihnen ruft.

Spiritualität bedeutet, dass ich mir jeden Tag Zeit dafür nehme, Gedanken Raum zu geben, die am Ende mein Herz zum Herz des Göttlichen führen. Dann werden eines Tages beide Herzen in mir im Einklang schlagen.

Natur

Ein Philosoph fragte den heiligen Antonius: «Wie kannst du zufrieden sein, Vater, obwohl du keine Bücher hast, die dir Trost spenden könnten?» Antonius antwortete: «Mein Buch, lieber Philosoph, ist die Natur der geschaffenen Dinge, die mir, sooft ich mich danach sehne, die Worte Gottes zu lesen, jederzeit vor Augen liegt.»

Wo ist Gott?, fragt der Katechismus. Gott ist überall, antwortet er. Diese Antwort wird oft ignoriert, doch wenn Gott wirklich Gott ist, ist sie ganz sicher wahr. Gott ist der Grundstoff des Universums; in jedem Teil der Schöpfung wohnt die Energie, das Leben, das Bild, die Natur des Schöpfers.

Wenn wir den Schöpfer kennenlernen möchten, müssen wir lediglich die Natur näher betrachten. Der Ursprung des Lebens ist das Leben. Das Offensichtliche ist beinahe zu einfach, um es zu glauben: Alles Leben enthält das Geheimnis des Lebens. «In dieser Eichel ist alles, was ist», sagt die Mystikerin Juliana von Norwich. Die Natur, jeder noch so kleine Teil davon, ist ein Spiegel des Unbedingten, ein Ort, in dem der Gott des Lebens ruht, in dem die Macht Gottes gegenwärtig ist.

Unglücklicherweise hat die religiöse Tradition des Westens in ihrer Absicht, Gott als einen personalen Gott darzustellen, ihn versehentlich auf eine von der Schöpfung getrennten Figur reduziert, die so anders ist als wir selbst, dass nichts von ihm in uns sein kann. Wir stellen uns Gott als den großen Ingenieur des Universums vor, der Geist und Materie erschaffen, sie in den Raum geschleudert und die beiden sich selbst überlassen hat, um miteinander zu wetteifern. Geist, so lehrt diese Tradition, ist der Triumph der Heiligkeit, Materie dagegen ist verderblich und führt ins Verderben. Eine solche

Denkweise macht aus der Natur das uneheliche Kind der Schöpfung.

In einer Welt, die Materie und Geist als getrennt voneinander betrachtet, existiert die Natur nur als Bühne, die der Menschheit für ihr Handeln zur Verfügung steht, als ein Füllhorn, aus dem man sich bedienen kann, als eine Wildnis, über die die Menschheit herrschen soll und durch die Gott am Ende nur erreicht werden kann, nachdem man die Materie abgestreift hat. Auf dieser seltsamen Anschauung (die sowohl Wissenschaften als auch Spiritualität geprägt hat) beruht die Rechtfertigung für Sklaverei, für die Ausbeutung der Natur, das mutwillige Töten von Tieren im Namen der «Forschung», die Zerstörung der Ozonschicht oder die Verschmutzung der Meere. Doch spirituelle Menschen wissen, dass ein Verbrechen gegen die Natur ein Verbrechen gegen das Leben ist.

Was für eine bemitleidenswerte, äußerst beschränkte Vorstellung, die Idee, dass Materie schlecht und Geist gut sei und dass beide voneinander getrennt und geschieden seien! Sie reduziert die Gottheit selbst zu einem Ding, einem Schöpfer, der von der Schöpfung getrennt ist, die doch aus der Lebensenergie entspringt, die Gott ist. Sie ignoriert das grenzenlose Versprechen des Lebens. Sie ignoriert die Stimme Gottes, die von überall her zu uns ruft. Sie versteht nicht, dass die gesamte Natur ohne die Menschheit existieren kann, aber die Menschheit, mit all ihrer «Herrschaft», nicht ohne den Rest der Natur. Sie ignoriert die Einheit des Lebens, die Einheit Gottes.

Spirituelle Menschen wissen es besser. Sie sehen den Einen, aus dessen Leben alles Leben entspringt, überall. Alles Leben, wissen sie, spiegelt das Antlitz Gottes wider. Mit der Natur in Feindschaft zu leben bedeutet, dem Leben nicht gerecht zu werden. Wie ein Diktator durch die Natur zu marschieren heißt, das Leben aus dem Gleichgewicht zu bringen. Wenn wir die Stimme Gottes im Gleichgewicht der Natur, in ihrer Schönheit und ihrem Ringen nicht zu entdecken vermögen, gehen wir mit einem blinden Herzen und einer tauben Seele durchs Leben.

Spiritualität bedeutet, sanften Schrittes durch die Natur zu gehen, im Einklang zu sein mit dem Rhythmus des Lebens, von den Kreisläufen der Zeit zu lernen, auf den Herzschlag der Zeit zu hören, die Natur zu lieben, sie zu beschützen und in ihr die Gegenwart und die Macht Gottes zu entdecken. Spiritualität bedeutet, dass wir eine Pflanze pflegen, ein Tier lieben, im Regen gehen und unser Bewusstsein von Gott in einem Leben bekennen, das um den Pulsschlag der Jahreszeiten weiß.

Ruhen

Einmal besuchten zwei Brüder einen alten Mönch. Der alte Mann hatte es sich zur Gewohnheit gemacht, nicht jeden Tag zu essen. Als er die beiden Brüder sah, war er jedoch von Freude erfüllt und sprach: «Fasten ist gut, doch wenn man um der Liebe willen isst, erfüllt man gleich zwei Gebote, denn man gibt seinen eigenen Willen auf und kommt dem Gebot nach, andere zu erfrischen.»

Die meisten von uns würden es wohl nur ungern zugeben, aber tatsächlich hat «Fasten» – jeder disziplinierte oder verbissene Lebensansatz, die unablässige Konzentration auf Arbeit, Pflicht, Verantwortungen, Produktivität – seinen ganz eigenen Reiz. Es kann sehr befriedigend sein, eine Aufgabe zu erfüllen, die anderen als kaum machbar erscheint. Seine hart erarbeitete Disziplin aufzugeben, um Verwandte zu besuchen oder mit den Kindern zu spielen, Briefe zu beantworten oder den Hund auszuführen, wandern zu gehen oder ein Picknick am See zu machen, lässt den Unbeugsamen und Tugendhaften schon beim bloßen Gedanken daran erschaudern. Wir sind ernsthafte Leute, die wahrlich wichtigere Dinge zu tun haben. Wir sind viel zu «beschäftigt», um menschlich zu sein.

Also marschieren wir weiter durchs Leben und lassen es zu, dass unsere Empfindsamkeit abstumpft und zerfranst. Mit jedem Tag begraben wir unseren Geist ein Stückchen mehr unter immer denselben Dingen, anstatt ihn frei zu lassen, um Neues zu denken, neue Erfahrungen zu machen, neue Augenblicke von Schönheit zu erleben. Wir machen einfach so weiter und wiederholen die alten Muster immer und immer wieder. Das Schlimmste daran ist, dass wir diesen Lebensstil für spirituell und verantwortungsvoll halten. Anstand und Tüchtigkeit werden zu Scheuklappen unserer Seele. Dadurch gerät Gott aber, der doch in allem ist, niemals in unseren Blick, weil wir niemals auf die Idee kommen, irgendwohin zu schauen, wo wir noch nicht hingesehen haben.

Ruhen, eine «heilige Zeit» der Entspannung und Erholung, ist der Grundpfeiler der Spiritualität, und die Theologie des Sabbats ist ihr Eckstein. «Am siebten Tag», so heißt es in der Bibel, «ruhte Gott.» Mit diesem einfachen Bild, mit diesem einen Satz wird Reflexion, Erholung des kreativen Geistes, Transzendenz, das Recht, über uns selbst hinauszuwachsen, geheiligt. Wenn wir es ablehnen, auszuruhen, zu spielen, uns für eine Weile gehen zu lassen, weil wir glauben, dass Arbeit heiliger, wertvoller für Gott und sinnvoller für die Menschheit sei, rütteln wir an den Grundfesten des spirituellen Lebens.

Im Leben geht es um mehr als nur Arbeit. Arbeit ist nutzlos und sogar zerstörerisch, wenn die Absicht, die hinter ihr steckt, falsch ist. Und was kann die Absicht unserer Arbeit ungetrübter halten als ein Auge, das die Wahrheit erkennt, und ein spiritueller Kompass für alles, was Gott gutgeheißen hat? Ruhe ist der Akt, die Seele zu recken und zu strecken. Wenn wir unseren Wettlauf nach Nirgendwo aufgeben, wenn wir das Karussell der Produktivität einmal lange genug anhalten, um endlich zu sehen, dass es sich im Kreis dreht, holen wir uns ein Stück Menschlichkeit zurück.

Der Zweck von Ruhe und Erholung ist es, der Seele einen Sabbat zu schenken. Wir brauchen Zeit, um auszuwerten, was wir in der Vergangenheit getan haben.

Wie Gott müssen wir uns fragen, ob das, was wir in unserem Leben getan haben, wirklich «gut» für jemanden ist. Für mich? Für die Menschen, die nach mir kommen? Für die Welt, in der ich jetzt gerade lebe?

Es gilt, die Auswirkungen unserer täglichen Arbeit auf das Leben unserer Mitmenschen zu überprüfen. Wir müssen uns fragen, ob das, was wir tun, und die Art, wie wir es tun, es wirklich wert sind, Leben darauf zu verwenden – entweder unser eigenes oder das Leben derer, die mit uns in Kontakt kommen. Nur der Sabbat, nur das Ruhen, gibt mir die Gelegenheit, einen Schritt zurückzutreten und nachzudenken, mich zu öffnen und neu zu werden, mit offenen Augen und offenem Herzen durchs Leben zu gehen und die Anteile meiner Erfahrung zu erweitern, die mich mein Menschsein spüren lassen.

Unser Leben soll nicht trübselig sein. Es ist kein Test unseres Durchhaltevermögens. Leben ist einfach Leben – wenn wir es dazu machen. Doch wie können wir uns darauf verlassen, dass die Wanderung des Lebens zur Freude führt? Weil es einfach so viel zu genießen gibt: den Sonnenuntergang am Strand, den Ausblick von einem Berg, wilde Beeren auf einem Hügel, ein Straßenfest in meinem Viertel, ein gutes Buch, eine Feier in der Gemeinde, eine Ausstellung in der Stadt, ein Familientreffen.

Religiöse Traditionen, die sich weigern, das Leben zu genießen, verweigern das Leben. Doch eine Religion, die das Leben verweigert, ist keine Religion. Sie schafft es nicht, das heilige Jetzt mit dem heiligen Jenseits in

Verbindung zu bringen. Spiritualität bedeutet, dass wir uns selbst dem Leben zuwenden, so dass Gott durch das ganze Leben zu uns kommen kann.

Schönheit

Einst kamen Räuber zur Behausung eines Weisen und erklärten: «Wir werden deine Zelle ausräumen.» Er sprach: «Nehmt, meine Söhne, was ihr seht.» Darauf nahmen sie, was sie in der Zelle finden konnten, und machten sich aus dem Staub. Ein Säckchen aber, das ihren Augen verborgen geblieben war, ließen sie zurück. Doch der Weise hob es auf, lief ihnen nach und rief: «Meine Söhne, nehmt dies mit! Ihr habt das Schönste übersehen!»

Was in unserer technisch hoch entwickelten Welt vielleicht am meisten fehlt, ist Schönheit. Stattdessen schätzen wir Effizienz, und Funktionalität ist uns lieber als Kunst. Wir produzieren Plunder und baden in Kitsch. Doch Schönheit – die rechte Proportion in allen Dingen, Harmonie im Universum unseres Lebens, die Wahrheit in dem, was wir sehen – entgeht uns. Wunderschön gemasertes Holz wird mit Farbe überstrichen, anstelle lebendiger Blumen stehen Plastikblumen auf dem Tisch, die Pietà des Michelangelo findet sich als Plastikabguss. Dabei drohen wir in der Banalität greller Farben und protziger Formen zu versinken. Wir haben als Gesellschaft das Streben nach Schönheit aufgegeben, und vielleicht ist eben dies das deutlichste Zeichen dafür, dass wir unseren Weg zu Gott aus den Augen verloren haben. Ohne die Erfahrung von Schönheit ist es nicht möglich, die Herrlichkeit von Gottes Antlitz im Hier und Jetzt zu entdecken.

Schönheit ist das am meisten herausfordernde Versprechen, das Gott uns gegeben hat. Sie lockt uns und ruft uns und treibt uns weiter. Die Seele dürstet nach Schönheit, denn sie dient ihr als Nährboden und schenkt ihr Hoffnung. Spirituelle Menschen fühlen sich von Schönheit angezogen, und es ist ihre Pflicht, Schönheit zu verschenken, damit sich der Rest der Welt trotz all des Schmutzes, der Hässlichkeit und des Schmerzes daran erinnern kann, dass Schönheit möglich ist.

Schönheit nährt Kontemplation, und Schönheit ist ihr Zweck. Wenn wir ein Gespür für Schönheit haben, entwickeln wir ein Bewusstsein für das Ewige und das Zeitliche. Es führt uns sowohl über die Gegenwart als auch die Vergangenheit hinaus zu jenem ewigen Jetzt, wo Schönheit eine immerwährende Wohnstatt hat.

Schönheit, in anderen Worten, hebt das Leben heraus aus den einlullenden Klischees des Langweiligen. Sie lenkt unseren Blick hinter das Banale und gibt uns einen Grund weiterzumachen, uns jenseits des Alltäglichen zu bewegen und uns darum zu bemühen, mehr zu werden, als wir sind. Inmitten unseres Ringens, in der Tiefe der Dunkelheit, in den Qualen der Hässlichkeit, führt Schönheit die Erkenntnis mit sich, dass das Beste im Leben, was immer es koste, wirklich möglich ist.

Schönheit führt uns über das Sichtbare hinaus zu höchster Bewusstheit, vom Profanen zum Mystischen, vom Zweckdienlichen zum unendlich Wahren. Schönheit lässt das Herz weiterschlagen, wenn es vor Schmerz und Verzweiflung zu sterben droht. Unsere Welt mag noch so träge und stumpfsinnig sein, beherrscht vom Mittelmaß, überflutet von Geschmacklosigkeiten, überladen mit billigen Imitationen, eingenommen vom Maßlosen und Grausamen – letztendlich kann Schönheit diese Hässlichkeit durchdringen, wenn sie unsere eigene Seele durchdringt. Es ist eine spirituelle Erfahrung in der Tiefe, wenn unser Blick ein klein wenig von der göttlichen Schönheit sieht, aus der alles Schöne kommt. Eine solche Erfahrung ruft uns immer zu: «Mehr. Da ist noch mehr.»

Um Schönheit zu entdecken, brauchen wir kein Geld, mit dem wir die Dinge kaufen können, die uns gerade ins Auge fallen. Es geht vielmehr darum, ein Gespür dafür zu entwickeln, Qualität, Tiefe, Wahrheit und Harmonie zu erkennen, wenn diese uns begegnen. «Schönheit ist Wahrheit und Wahrheit ist Schönheit. Das ist alles, was wir auf Erden wissen, und alles, was wir wissen müssen», schreibt der Dichter John Keats. Etwas ist also schön, wenn es wahrhaftig das ist, was es vorgibt zu sein. Natürlich gibt es Heilmittel, um gegen die Erniedrigung des Geistes anzugehen: Wir können die Plakate abhängen, die aus der Landschaft eine Müllkippe verbrauchter Ideen machen. Wir können das Durcheinander an Farben abwaschen und die Gegenstände wegräumen, die allen Raum einnehmen und uns den Blick auf das Wesen der Dinge verstellen. Wir können verbieten, Plastikimitate von Marmorstatuen zu machen. Wir können die Anordnung, die Harmonie, die Proportionen einer Blume studieren. Wir können uns bemühen danach zu fragen, was hinter dem Offensichtlichen und unter den Oberflächen liegt, unter den Falten eines alten Menschen oder den verkrümmten Händen eines Arbeiters, wir können nach der Bedeutung eines jeden Augenblicks suchen, nach dem Unbedingten in jeder Möglichkeit, nach dem inneren Kern einer jeden Begegnung. Oder wir können uns selbst einfach ein atemberaubendes Kunstwerk zulegen und ihm einen besonderen Ort gewähren, gegenüber und im Gegensatz zu dem, was uns normalerweise umgibt. Wir können seine Schönheit in uns einströmen lassen, bis wir so weit sind, dass wir uns durch die Plattitüden, die uns sonst umgeben, niemals wieder zufriedenstellen oder betäuben lassen.

Was wir nicht in uns selbst nähren und stärken, kann nicht in der Welt um uns existieren, denn wir sind ihr Mikrokosmos. Wir dürfen nicht über den Verlust der Qualität in unserer Welt jammern, wenn wir selbst keine Schönheit in die Welt bringen. Wir können nicht den Verlust der Spiritualität anprangern und selbst nicht über die Ebene des Gewöhnlichen hinauswachsen. Wir können nicht auf die Fülle des Lebens hoffen, ohne die Fülle unserer Seele zu fördern. Wir müssen nach Schönheit streben, sie studieren und uns mit ihr umgeben. Um die Seele der Welt zu neuem Leben zu erwecken, müssen wir selbst zu Schönheit werden. Dort, wo wir sind, muss es, einfach weil wir dort gewesen sind, schöner werden, als es vor uns war.

Spiritualität bedeutet, dass wir unser Leben von allem Schnickschnack befreien, uns mit Schönheit umgeben und diese bewusst, hartnäckig und beständig weiterschenken, bis der winzige Teil der Welt, für den wir verantwortlich sind, die reine Schönheit Gottes widerzuspiegeln beginnt.

Sehnsucht

Abba Neilos sprach: «Wolle nicht, dass deine Angelegenheiten so gehen, wie du es für gut findest, sondern so wie es Gott gefällt. Und du wirst ohne Verwirrung und voll Dank in deinen Gebeten sein.»

Es gibt wohl kaum einen Menschen, der sich nicht irgendwann danach sehnt, ein anderes Leben zu führen. Wer von uns hat es sich nicht selbst schon einmal gewünscht? Wir werden unseres Lebens oder unser selbst überdrüssig. Wir suchen anderswo nach einem besseren Leben. Wir wollen etwas anderes tun, aber tief in uns drin wissen wir nicht genau, was es eigentlich ist. Alles, was wir wissen, ist, dass wir uns nach etwas sehnen, das wir nicht haben. Wir fühlen, dass wir durcheinander sind. Uns fehlt die Dankbarkeit für das Leben, von der die Wüstenväter und -mütter sprechen. Wir schleppen uns stöhnend durchs Leben und merken nicht, dass wir es dadurch verpassen. Das Leben endet, bevor wir es je gelebt haben. Wir sehnen uns nach dem «mehr», das wir nicht sehen.

Kontemplation bedeutet auch Sehnsucht. Aber spirituelle Menschen wissen, dass wir uns, ganz gleich wohin wir gehen – und gehen müssen wir, wenn wir den Ruf klar vernehmen –, am Ende immer noch nach dem sehnen werden, was kein Auge geschaut hat. Sehnsucht ist ein Kennzeichen von Spiritualität. Menschen, die sich nicht nach Gott sehnen, kennen ihn nicht. Aber die Sehnsucht nach Gott verlangt von uns, dass wir uns von dem Leben, das unser Inneres bewegt und zugleich das ganze Universum, mit dem Leben überall verbinden lassen, das jede Kreatur zu jeder Zeit unaufhörlich bewegt.

Kontemplation ist der Magnet der Seele. Sie zieht uns gleichzeitig aus uns heraus und tiefer in uns hinein. Sie ist immer rastlos und immer ruhend zugleich. Was hier ist, ist alles, und was hier ist, ist nie genug. Der Kontemplative sehnt sich immer nach dem Licht, das sein ganzes Leben durchflutet und doch nur ein Schimmer des großen Geheimnisses ist, in das wir eingetaucht sind.

Kontemplation ist die Hingabe des Selbst an das Einssein mit dem Einen, der das Leben des gesamten Universums ist, dem Einen, an dem alles teilhat, aber nichts alles ist. Es ist der Punkt, an dem sich Freude und Schmerz treffen. Es ist der Inbegriff der Achtsamkeit und überbordendes Leben zugleich. Es ist Gott überall und nirgends. Die Bedeutung ist erstaunlich: Kontemplativ zu sein bedeutet, gleichzeitig in der Gegenwart und der Abwesenheit Gottes zu leben.

Ein kontemplativer Mensch fördert die Gegenwart Gottes in seinem Leben, und gleichzeitig sehnt er sich doch immer nach ihr. Für ihn ist das Leben nur der Anfang der Erkenntnis. Der Tod ist nur der Geburtskanal für neues Leben, der Prozess, durch den wir aus dem Schoß der Welt hineingeboren werden in den Schoß Gottes, aus einem Leben in Dunkelheit in ein Leben im Licht.

Wer Kontemplation lebt, genießt und sehnt sich zugleich. Das Leben ist alles, und das Leben ist leer. Und es soll in Fülle gelebt werden.

Die einzige Frage, die sich die rastlose Seele stellt, ist: Wonach sehnen wir uns? Wenn wir uns nur danach sehnen, mehr wir selbst zu werden, wird unsere Sehnsucht niemals befriedigt, denn wir sind zu klein, um uns selbst genug zu sein. Wenn wir uns aber nach Gott sehnen, wird unser Durst auch nicht gestillt werden, doch zumindest wissen wir, dass wir das haben, für dessen Entdeckung wir leben: die Herrlichkeit Gottes in uns.

Spiritualität bedeutet, Tag für Tag zu verinnerlichen, was die Altväter einer jeden Tradition uns seit Urzeiten gelehrt haben: «Gott ist in mir, Gottes bin ich, daher bin ich eins mit allem. Halleluja.»

Suche

Abba Poimen sagte zu Abba Joseph: «Sage mir, wie werde ich Mönch?» Und Abba Joseph antwortete: «Wenn du Ruhe finden willst, jetzt und immer, dann sprich bei jeder Handlung: Ich, wer bin ich?»

Es gibt wohl kaum einen Menschen auf der Welt, der nicht auf der Suche ist: nach Anerkennung, Geld oder einer Heimat, nach Karriere, Erfolg oder Sicherheit, nach Glück. Wir sind von Natur aus Jäger auf der Suche nach dem heiligen Gral. Ständig halten wir Ausschau nach den Siegeszeichen, die der Kristall der Zeit oder der Sternenstaub der Ewigkeit für uns hüten möge. Wir alle sind auf der Suche nach etwas. Die entscheidenden Fragen sind aber die: Wonach suche ich eigentlich, und was macht diese Suche aus mir?

Manche haschen nach den Schatten an der Wand und finden am Ende nur Enttäuschung. Andere suchen nach Erfolgen, die wie in Stein gemeißelt scheinen, aber wenn die selbsterrichteten Denkmäler zerbröseln und keine Befriedigung bleibt, stehen sie unzufrieden da. Und viele hasten von Ort zu Ort, probieren dies, verwerfen jenes, verlangen das eine, verweigern das andere, bis allein die Raserei ihrer Jagd ihr Herz ausbrennt und ihre Seele verdorrt. Sie sind Experten fürs Oberflächliche und Trügerische, aber Dilettanten im Leben. Was ihre Suche aus ihnen macht, wissen sie – im Unterschied zu ernsthaften Wanderern – nicht einmal selbst.

Auch Religion – und Spiritualität – hat ihre eigene Art von Dilettanten: Sie ziehen von Meister zu Meister, von System zu System, von einem frommen Trostpflaster zum nächsten, von der einen spirituellen Haltung zur nächsten spirituellen Flucht, doch dabei erkennen sie nie den Wert des Weges, ganz zu schweigen das Ziel ihrer Wanderung. Sie suchen – und finden doch niemals eine Heimat für ihr Herz, die das Ende der Reise überdauert. Religion – und Spiritualität – werden auf diese Weise zu Beruhigungsmitteln, die den gegenwärtigen Schmerz lindern oder die derzeitige Leere füllen sollen, anstatt über den Drang der Suche hinaus zu seiner Quelle zu führen. Dann wird Religion zum Vorwand und zur Entschuldigung, dass wir Gott nicht finden.

Tatsächlich gibt es eine Menge Leute, die ihre Religion als Weg benutzen, die Macht zu erlangen, nach der sie suchen, die Aufmerksamkeit, nach der sie sich sehnen, den Trost, den sie brauchen – und die meisten von uns zählen an irgendeinem Punkt ihres Lebens zu ihnen. Doch es sind gewiss nicht jene, die wir als spirituelle Vorbilder betrachten können.

Spirituelle Menschen gebrauchen das Leben nicht als ein Hindernis dafür, Erkenntnis zu erlangen. Sie testen nicht einen Geschmack nach dem anderen, bis die Geschmacksknospen ihrer Seele gefühllos werden. Sie wandern nicht von Kirche zu Kirche, von Guru zu Guru auf der Suche nach einer Formel außerhalb ihrer selbst, um das zu füllen, was ihnen innen fehlt. Sie brauchen überhaupt nirgends hingehen, um den Ort zu finden, wo Gott auf der Straße ihres Selbst auf sie wartet. Der Kontemplative steht einfach an seinem Platz, und durch das Stehen gibt er auf die Frage «Wer bin ich?» die Antwort: «Ich bin der, der auf Gott in seinem Inneren wartet». Ich bin, in anderen Worten, jemand, der nach dem Urgrund des Lebens sucht. Ich bin jemand, der hinter jedes System schaut, um den Ursprung zu finden. Ich bin jemand auf der Suche nach dem göttlichen Licht, sei es meiner verdunkelten Seele auch noch so fern, meinem rastlosen Geist fremd, meinem zerbrochenen Herzen unbekannt. Ich bin jemand, der erkannt hat: Was zwischen mir und Gott liegt, was mich von Gott trennt – bin ich.

Ein spirituelles Leben zu führen erfordert Klarheit darüber, was wir suchen – und warum. Selbst Gutes kann zu einer Störung und Ablenkung für unser Herz werden, wenn wir es tun, nicht weil es richtig ist, sondern weil es uns im Tausch etwas gibt: sozialen Status, ein gutes Gefühl, Sicherheit, ohne viel von unserem Leben zu fordern.

Gott ist einnehmender, aber auch erfüllender als all diese Dinge. Der Gral, den wir suchen, ist Gott allein. Aber über Gott zu sprechen ist nicht dasselbe wie Gott zu suchen (ein Blick auf die Kirchengeschichte lehrt das). Spiritualität bedeutet, Gott an den richtigen Orten zu suchen: im Heiligtum des zu seiner Mitte hingewandten Herzens.

Stille

Einer der Altväter sagte: «Wie dein Gesicht sich in bewegtem Wasser nicht widerspiegelt, so ist es der Seele nicht möglich, sich Gott im Gebet ganz hinzugeben, wenn andere Gedanken sie bewegen.»

Stille ist die verlorene Kunst in einer Welt aus Lärm. Morgens weckt uns das Radio, und abends, lange nachdem wir schon eingeschlafen sind, schaltet der Zeitschalter des Fernsehers den mit Sendungen vollgestopften Tag aus. Egal, ob wir im Auto fahren, im Aufzug stehen oder in einem Wartezimmer sitzen, überall umgibt uns Musik. Auf unserem Weg von der Küche ins Wohnzimmer, vom Wohnzimmer ins Bad, vom Bad in den ersten Stock, lassen wir uns rundum beschallen. In jedem Bürogebäude gibt es Lautsprecheranlagen, an jeder Straßenecke hören wir irgendwelche Durchsagen. Wenn wir Sport treiben, stecken wir uns die Kopfhörer unseres MP3-Players in die Ohren. Am Strand übertönt unser tragbarer CD-Spieler das Rauschen der Wellen. Wir umgeben uns mit Lärm und Radau, getarnt als Musik, Nachrichten und Fernsehserien. Sie sind die Barrieren unserer Seele, die uns davon abhalten, uns selbst zu hören.

Was ein spiritueller Mensch im Gegensatz zur modernen Gesellschaft nicht vergessen hat, ist die Einsicht, dass der wahre Stoff unserer spirituellen Entwicklung nicht in Büchern zu finden ist, sondern in uns selbst: er liegt in den Dingen, über die wir nachdenken, in der Kommunikation, in die wir unablässig verstrickt sind, im Ringen unserer Seele, das jeden Tag aufs Neue stattfindet. Doch solange wir nicht still werden, schweigen und lauschen, werden wir niemals verstehen, was wirklich vor sich geht – nicht einmal in uns selbst. Gerade nicht in uns selbst.

Wir fürchten uns vor der Stille, weil sie uns mit uns selbst konfrontiert. Stille ist ein äußerst bedrohlicher Teil unseres Lebens. Sie lässt uns erkennen, wovon wir besessen sind, und erinnert uns daran, was wir in uns noch nicht gelöst haben. Sie zeigt uns, was unter der Oberfläche unseres Lebens liegt, und führt uns an einen Ort, von dem es kein Entrinnen gibt, den keine Maske der Welt zu verbergen vermag, dessen Risse sich weder mit Geld noch Titeln noch Macht kitten lassen. In der Stille sind wir allein mit uns selbst.

Die Stille ist, mit anderen Worten, die beste Lehrmeisterin des Lebens. Sie zeigt uns, was wir noch werden müssen, und wie viel uns fehlt, um es zu werden. «Wo ich auch bin, bin ich das, was fehlt», schreibt der Dichter Mark Strand.

In der Stille stehe ich vor der Stimme Gottes. Sie ist die Leere in der Mitte meiner Seele, in der Gott und ich einander begegnen. Sie ist die Höhle, die der Geist durchschreiten muss, um die Missklänge des Lebens abzustreifen, so dass Gott, der dort auf uns wartet und bemerkt werden will, sich ausbreiten kann.

Ein Tag ohne Stille ist ein Tag, an dem mein Selbst nicht anwesend ist. Der Druck und der Sog eines lärmreichen Tages versagen uns den Trost Gottes. An einem solchen Tag werden wir von der Welt um uns hin- und hergeworfen und sind dem Klappern und Rattern unseres eigenen Herzens ausgeliefert.

Spiritualität bedeutet, dass wir die ganze Geräuschkulisse der Welt um uns hinter uns lassen und in uns hinabsteigen, um dort Gott zu empfangen, der nicht im Sturm ist, sondern «eine Stimme verschwebenden Schweigens» (1 Könige 19,12). Das Schweigen bringt uns nicht nur in Berührung mit der Stille Gottes, sondern lehrt uns, worüber wir öffentlich zu reden haben.

Umkehr

Einmal fragte der Altvater Arsenios einen ägyptischen Bauern über seine eigenen Gedanken. Ein anderer, der das sah, sagte zu ihm: «Altvater Arsenios, du besitzt so große griechische und römische Bildung, wie kannst du da einen Bauern über deine Gedanken befragen?» Er aber antwortete ihm: «Die römische und griechische Bildung habe ich in mir, aber das Alphabet dieses Mannes habe ich noch nicht gelernt.»

Eigentlich ist es gar nicht so schwer, sein Leben zu ändern. Schließlich tun wir es ja alle ständig. Wenn wir mit unserem Aussehen unzufrieden sind, machen wir eine Diät. Wenn uns der Alltag zu langweilig wird, lernen wir Skifahren oder Salsa tanzen, machen einen Yoga-Kurs oder treten einem Schachclub bei. Wenn es uns in der Stadt nicht mehr gefällt, ziehen wir aufs Land. Im Laufe der Jahre wechseln wir immer wieder Arbeitsstelle und Wohnort, unsere Beziehungen und unsere Lebensweise. Doch diese Art von Veränderungen bleibt in den meisten Fällen an der Oberfläche. Tatsächlicher Wandel geht sehr viel tiefer. Es ist die Art, wie wir das Leben betrachten, um die es bei der Umkehr geht.

Umkehr, auf Griechisch *metanoia,* «neues Denken», ist eine uralte Idee, die tief in der Weltsicht der Wüstenväter und -mütter verwurzelt ist. In der Frühzeit des Christentums gingen Suchende in die Wüste, weil für sie die eigentliche Dürre, die spirituelle Trockenheit in den Städten herrschte. Sie zogen in die Wüste, um sich mit Gott zu beschäftigen. «Weltflucht» – die Abkehr von einer Welt, deren Systeme auf falschen Werten gebaut waren – wurde zum Kennzeichen echter spiritueller Suche. Um in einer Welt, die dem Materialismus verfallen war und an sich selbst zu ersticken drohte, kontemplativ zu leben, war Umkehr die Grundvoraussetzung. Doch wohin umkehren? In die Wüste? Wohl kaum. Das Ziel dieser spirituellen Sucher war, ihr Herz zu reinigen, sich durch nichts von der Suche ablenken zu lassen und das Leben auf einen Mittelpunkt auszurichten. Nachdem Benedikt seine Regel verfasst hatte und immer mehr Klöster entstanden, wurde die Antwort immer deutlicher: die Idee der Umkehr war nicht örtlich gemeint. Die Flucht führte nicht von einem Ort zu einem andern. Man braucht seinen Aufenthaltsort nicht zu ändern, um kontemplativ zu werden. Andernfalls wäre Jesus, der auf den staubigen Straßen Galiläas wanderte und sich mit Aussätzigen, Kindern, Kranken, Jüngern und unzähligen Neugierigen und Gläubigen umgab, nicht kontemplativ gewesen. Jesus der Heiler, der Prophet, der Prediger, der Lehrer, wäre nicht mit Gottes Geist in Berührung gewesen, wenn der geografische Rückzug aus der Welt als Maßstab für Spiritualität angelegt würde. Dieser Gedanke ist ein heilsamer Schock. Nein, Kontemplation ist ganz sicher keine Sache des Ortes. «Weltflucht» heißt nicht, einen bestimmten Ort zu verlassen, sondern meine Haltung, meine Einstellung zugunsten einer anderen abzulegen. Wir brauchen einfach nur dort zu bleiben, wo wir sind, und unsere Geisteshaltung zu ändern. Umkehr bedeutet, dass wir das Wohl der ganzen Welt bedenken, wenn wir unsere Arbeit verrichten; dass wir das öffentliche Wohl erwägen, wenn wir geschäftliche Entscheidungen zu treffen haben; dass wir die Entwicklung der anderen fördern, statt Kontrolle über sie auszuüben, wenn wir einen Haushalt führen.

Was Benedikt meinte, war die Umkehr des Herzens. Doch Umkehr wohin?

Die Antwort ist immer dieselbe. Jede große religiöse Tradition kennt diese Idee: Wenn wir spirituell leben möchten, müssen wir eine Bewusstheit entwickeln, die uns eins werden lässt mit dem Universum, in Einklang mit Gottes kosmischer Stimme. Umkehr lässt uns das Heilige erkennen, das in jedem einzelnen Element des Lebens wohnt. Umkehr lässt uns Schönheit zur Welt bringen in einer armseligen Plastikwelt. Umkehr lässt uns Gemeinschaft wiederherstellen und in einer Gesellschaft, die nur allzu leicht Wunden schlägt, Heilende sein. Umkehr bedeutet, in Übereinstimmung mit Gott, der in unserem Inneren wohnt, zu wachsen. Umkehr verwandelt uns in all das, was die Grundlage, die Ernte und das Ziel der Spiritualität ist.

Das spirituelle Leben ist ein niemals endender Prozess, bei dem es darum geht, anders in der Welt zu sein. Was müssen wir dafür in uns selbst verändern? Alles, was uns zum alleinigen Mittelpunkt unseres Selbst macht. Alles, was uns denken lässt, wir seien fertig und nicht ein erst im Entstehen begriffenes Werk. Alles, was uns von dem Glauben abhält, dass Status, Leistung und Macht niemals die Weisheit ersetzen können, die eine Welt uns zu lehren vermag, in der alles und jeder erfüllt ist von Gott. Wir müssen alles loslassen, was die Stimme des Unbedingten in uns überdeckt.

Für ein spirituelles Leben reicht es nicht aus, täglich religiöse Rituale und Übungen einzuhalten. Spiritualität bedeutet, bewusst zu leben, mit Menschen umzugehen, Umstände annzunehmen und Bösem mit Gutem zu begegnen auf eine Weise, dass daraus Gottes Gegenwart in jedem Augenblick spricht.

Verständnis

Einmal kamen einige Brüder zum Altvater Poimen und sagten zu ihm: «Wenn wir beim Gottesdienst Brüder einnicken sehen, willst du, dass wir ihnen einen Stoß geben, damit sie in der Vigil erwachen?» Er erwiderte: «Wahrlich, wenn ich einen Bruder einnicken sehe, dann lege ich seinen Kopf in meinen Schoß und lasse ihn ruhen.»

Verständnis – Mitgefühl – ist die Grundlage des klösterlichen Lebens. Ohne Verständnis wäre es ein hoffnungsloses Unterfangen, aus Fremden eine Gemeinschaft formen zu wollen. In der Benediktsregel begegnet uns diese Idee immer wieder: Die Mönche sollen den Cellerar (Verwalter) des Klosters nicht zu unangemessenen Zeiten behelligen. Andere Menschen sind nicht einfach dazu da, unsere Ansprüche zu befriedigen. Der Pförtner soll Gäste freundlich willkommen heißen – zu jeder Tag- und Nachtzeit. Wenn andere Menschen etwas benötigen, sollen wir tun, was in unserer Macht steht, um ihren Bedürfnissen gerecht zu werden. Wenn Mönche mehr brauchen, als ihnen nach der Regel zusteht, soll es ihnen gewährt werden, ohne dumme Fragen zu stellen. Der Mensch ist immer wichtiger als die Regel. Die Brüder, die den Küchendienst versehen, sollen schon vor den Mahlzeiten zu essen bekommen, damit der Dienst nicht anstrengender ist als nötig. Niemand existiert zur Befriedigung anderer. Brüder, denen es nicht gelingt, so zu leben, wie sie es gelobt haben, sollen ebenso beraten wie zurechtgewiesen werden. Alle Verfehlungen können verziehen werden; alles Leben ist eine Abfolge von Stufen. Die Benediktsregel kennt also die Grenzen des Menschseins – und akzeptiert sie.

Das Leben ist nicht vollkommen, und Menschen lassen sich nicht vervollkommnen. Einzig Verständnis, einzig Mitgefühl – die Fähigkeit, das Leben mit unseren Mitmenschen zu tragen, ganz gleich, wie schwer die Last auch sein mag – macht uns vollkommen. Wenn diese Einsicht im Namen der Religion verloren geht, wenn es im Namen von Moral und Ethik vergessen wird, hat die Religion versagt und die Tugend ihre Bedeutung verloren. Gott ist mitfühlend und gibt uns, was wir brauchen. Kein Mensch kann wahrhaft spirituell, wahrhaft in Berührung mit Gott, wahrhaft durchdrungen von seinem Geist sein, wenn er weniger um der anderen willen tut.

Kontemplation ist der Spiegel, durch den wir mit der Größe Gottes in Berührung kommen, ja, aber Kontemplation ist genauso der Filter, durch den wir sowohl die Begrenzungen unserer Kleinheit als auch das Potenzial unserer wahren Größe erkennen. Spirituelle Menschen suchen Vollkommenheit nirgends anders als in Gott. Sie verstehen, was es heißt, gebrochen zu sein. Vor allem aber erkennen sie, dass Gott gerade dann für uns da ist, wenn wir persönlich scheitern, um uns zu geben, was uns fehlt.

Wir verlangen zu wenig nach der Fülle Gottes. Spirituelle Menschen wissen das. Wenn wir nicht wissen, was uns fehlt, kann es geschehen, dass wir uns zu unserem eigenen Gott machen – ein mehr als schwächlicher Ersatz für den wahren Gott. Wenn unsere Spiritualität – dieses Hineingerissenwerden in Gott, das einen Menschen mit dem Bewusstsein erfüllt, dass Gott überall ist, in jedem, der uns begegnet – wahrhaftig ist, werden wir aufgezehrt von Liebe. Dann wird es keinen mehr geben, der uns nicht am Herzen liegt, und keinen, dem wir uns überlegen fühlen. Gott, so wissen wir, ist da, wo wir am wenigsten mit ihm rechnen, und wartet nur darauf, dass wir eben dies erkennen.

Und dann wird uns endlich klar: Es gibt keine Regel, die mehr Bedeutung hat als der Mensch, der vor uns steht. Es gibt keine Verfehlung, die zu groß ist, um nicht vergeben werden zu können. Es gibt kein Bedürfnis, das nicht ernst genommen werden muss. Es gibt kein Leiden, dass ich zu Recht übersehen darf. Es gibt kein Ringen, das meine Verachtung verdient. Es gibt keinen Schmerz, den ich nicht zu ertragen verpflichtet bin.

Gott hat Verständnis. Spiritualität bedeutet, es Gott darin gleichzutun.

Vision

Abba Zacharias hatte eine Vision. Er erzählte seinem spirituellen Vater, Karion dem Asketen, davon. Karion wurde wütend und schlug Zacharias, und er sagte ihm, dass die Vision von den Dämonen käme. Zacharias ging zu Abba Poimen und erzählte ihm davon. Poimen erkannte seine Ernsthaftigkeit und schickte Zacharias weiter zu einem Altvater, der Mystiker war. Der Mönch wusste von der Vision, noch bevor er mit Zacharias gesprochen hatte, und sagte zu ihm: «Du hast tatsächlich etwas von Gott geschaut. Aber geh hin und unterwirf dich deinem Altvater.»

Die Wüstenväter und -mütter sagen es deutlich: Eine Vision zu haben ist eine Sache, «Visionen», also Erscheinungen, etwas völlig anderes. Visionen sind psychologische Phänomene, die oft gar nichts damit zu tun haben, wie eine Person lebt oder wie sie sich entwickelt. Manche Visionen sind gewiss spirituelle Gaben, die meisten aber sind mit derselben Gewissheit das Ergebnis eines überspannten emotionalen Systems. Viele der großen Mystiker hatten zum Beispiel nie eine «Vision». Weder Meister Eckhart noch Hildegard von Bingen noch Teresa von Ávila. Sie kannten die Gegenwart Gottes, behaupteten aber nie, diese habe sich ihnen auch nur einmal sinnlich wahrnehmbar offenbart. Statt Visionen hatten sie Vision.

Eine Vision zu haben ist kein Gegenstand einer sinnlichen Wahrnehmung, sondern eine Eigenschaft des Geistes. Menschen mit Vision haben ihre Aufmerksamkeit, gleich einem Laserstrahl, voll und ganz auf die Gegenwart Gottes im Leben gerichtet. Sie sehen unsere heilige, blutende, leidende, kämpfende Welt so, wie Gott sie sieht: als eins und als heilig. Ihre Liebe zu einem liebenden Gott treibt sie dazu an, Gottes Welt zu lieben, so wie Gott selbst es tut. Sie machen sich auf, um die Welt so zu lieben wie Gott selbst. Sie sehen Gott überall, in allem, was ist. Sie wachsen über die Forderungen ihres Selbst hinaus, lassen die Anforderungen aller Gruppenegoismen, ob politischer oder religiöser

Art, hinter sich, ja sogar sämtliche heiligen Lehren, um Gottes Willen für die ganze Welt zu dienen. Sie lassen sich nicht von kleinkarierten Vorurteilen über Hautfarbe, Geschlecht oder Status vereinnahmen, sondern sind regiert von Gottes Willen für die Welt und geben sich selbst dafür hin, dass er Wirklichkeit wird. Sie gleiten nicht ab in spirituelle Selbstgefälligkeit oder spirituelles Elitedenken. Sie arbeiten am spirituellen Leben, erwarten jedoch weder eine Belohnung dafür noch suchen sie nach mystischen Zeichen, um den Fortschritt ihres spirituellen Wachstums zu kennzeichnen. Sie tun einfach, was getan werden muss: sie tauchen ein in die Gegenwart Gottes, bis alles für sie zur Gegenwart Gottes wird.

Kontemplation hat nichts mit Quacksalberei, Telepathie oder Magie zu tun, sondern mit sehr grundlegenden, sehr realen Dingen. Es geht darum zu erkennen, dass Gott in jedem Menschen ist und überall gefunden werden kann, und auf alles Leben zu antworten, weil aus allem Gott zu uns spricht. Kontemplation ist kein Straßentheater besonderer «Visionen», kein spirituelles Wundermittelchen, kein erhabener Seinszustand. Sie ist einfach die Bewusstheit des Unbedingten in der Gegenwart.

Wahre Spiritualität wird nicht gelebt, indem man sich weltfremd aus dem Leben flüchtet, um in einem Seelenzustand zu leben, der jenseits von allem angesiedelt ist, was uns betreffen könnte. Spirituelle Menschen suchen nicht nach «Visionen». Sie suchen einfach nur nach einem Weg, Gott zu erkennen, der in ihnen ist und um sie herum, in anderen Menschen und in aller Wirklichkeit, in der Güte und in der Wahrheit, in grenzenloser Liebe und in allumfassendem Frieden. Für sie ist Gott kein Zaubertrick, sondern der Atem, den sie atmen.

Spiritualität bedarf keiner «Visionen». Sie braucht die Vision eines Lebens, in dem wir jeden Tag das tun, was nötig ist, um Gott an diesem Ort, zu dieser Zeit, gegenwärtig sein zu lassen, was immer es uns kosten mag.

Wachstum

Von einem Soldaten wurde Abba Mios gefragt, ob Gott einem Sünder vergeben werde. Der Weise belehrte ihn in aller Ausführlichkeit und stellte ihm zuletzt eine Gegenfrage: «Sag mir, mein Lieber, würdest du deinen Mantel wegwerfen, wenn er an einer Stelle ein Loch hätte?» «Aber nein», erwiderte der Soldat, «ich würde ihn flicken und weiter anziehen.» Der Weise erwiderte: «Wenn du deinen Mantel so sorgfältig behandelst – sollte Gott dann seinen eigenen Geschöpfen etwa nicht gnädig sein?»

Erleuchtung öffnet die Seele für ein Bewusstsein davon, dass Gott in allem ist, dass alles Leben heilig und das Universum miteinander verbunden ist, für die Erkenntnis, dass die Schöpfung eins ist. Dieses Bewusstsein ermöglicht Moral und Reife, ohne das eine oder das andere zu sein. Einssein mit Gott ist weder die Vervollkommnung des Selbst noch eine Auszeichnung für besondere Leistung. Einssein mit Gott ist die Erkenntnis, dass Gott überall gegenwärtig ist – in mir und um mich, über und unter mir. «Vor mir und hinter mir, zu meiner Rechten und zu meiner Linken», wie die irischen Mystiker zu sagen pflegten.

Einssein mit Gott ist kein statischer Zustand, der, einmal erreicht, die Seele in einem unendlichen Moment der Erleuchtung verharren lässt und ihr das Leben erspart. Im Gegenteil. Leben ist Leben. Es bleibt zu keiner Zeit und unter keinen Umständen stehen. Das Leben geht weiter, ganz gleich, wie unser Bewusstsein von Gott auch sein mag, und wir gehen mit. Unser Ringen mit dem Leben geht weiter, und unablässig versuchen wir, unserer neu gewonnenen Bewusstheit gerecht zu werden. Und oft genug versagen wir auch.

Es geht im Leben nicht um Vollkommenheit, aus dem einfachen Grund, dass Vollkommenheit nichts ist, was uns das Leben bieten kann. Unser Körper entwickelt sich nicht bis zu einem gewissen Punkt und bleibt dann dort für immer stehen. Wissenschaftler haben herausgefunden, dass sich die Proteinmoleküle in unserem Körper alle sechs Monate erneuern. Alle sechs Monate sind wir wieder neu – vielleicht nicht sichtbar anders, aber dennoch neu. Und genau so erreicht auch die Seele keinen endgültigen Zustand. Jeden Tag erneuern wir unsere Seele. Jeden Tag überdenken wir alte Entscheidungen und treffen neue. Wieder und wieder ringen, kämpfen, verwerfen und bereuen wir. Jeden Tag wächst unser Leben ein bisschen mehr, mit uns selbst oder mit Gott als Ziel.

Kontemplation hat damit zu tun, welchen Weg des Wachstums wir wählen. Wir haben die Möglichkeit, uns voll und ganz der Befriedigung unseres Selbst hinzugeben. Wir können begehren, anhäufen, ansammeln. Wenn wir wollen, können wir für immer unser Selbst verehren. Wir können vom Rest der Welt verlangen, dass er uns huldigt, bis unsere Lunge vom Schreien schmerzt und unser Herz vor Leere widerhallt. Wir können unser Selbst ganz auf uns selbst verwenden, wie klein der Gegenstand, dem da unsere Aufmerksamkeit gilt, auch sein mag. Die westliche Kultur unterstützt die Konzentration auf das Selbst nicht nur, sie fördert sie geradezu. Alles bekommen und für immer behalten – das ist das Banner, unter dem wir in diesem Jahrhundert marschieren. Doch es gibt auch eine andere Möglichkeit.

Wir können uns dazu entscheiden, über unser Selbst hinauszuwachsen, das zu einem Schrein der Idole unserer Zeit geworden ist. Wir können uns darum bemühen, jene Vorstellungen abzulegen, die unserer Seele im Namen der Pseudo-Überlegenheit die Luft abschnüren:

dass Frauen unsichtbar sind und Männer überlegen, dass Ausländer lediglich dazu da sind, unsere Wirtschaft am Laufen zu halten, dass die Natur ausschließlich unserer Befriedigung dient, dass wir, als menschliche Wesen, über allem anderen im Universum stehen und uns über seine Grenzen und Schranken hinwegsetzen können. Natürlich können wir uns stattdessen auch zu unserem eigenen Gott machen. Doch wenn wir dies tun, verlieren wir das Geschenk, das das Leben uns geben möchte: das Geschenk des Wachstums. Ein spiritueller Mensch lebt, um in Einheit mit dem Universum zu wachsen.

Spiritualität bedeutet ein Leben in Übereinstimmung mit Gottes Geist, im Einklang mit unseren Mitmenschen, in Berührung mit den Schwächen unserer eigenen Seele – jenen Stellen, wo die Liebe Gottes eindringen möchte, um uns mit dem zu erfüllen, was uns selbst fehlt. Wachstum heißt nicht, einfach nur Sünden zu vermeiden, was immer wir als Sünde in den verschiedenen Phasen unseres Lebens erkennen. Tatsächlich können nämlich Verfehlungen genau das sein, was uns zur Erleuchtung führt: Wenn mein Ärger seinen Höhepunkt erreicht hat, kann ich am deutlichsten erkennen, dass mir Ruhe fehlt. Wenn meine Arroganz nicht mehr zu übertreffen ist, erkenne ich am besten, wie jämmerlich meine Angeberei ist. Wenn meine Unnachgiebigkeit kaum mehr steigerbar ist, verstehe ich plötzlich, wie sehr mich meine Starrköpfigkeit von anderen isoliert. Wachstum – wahres Wachstum – ist die Erkenntnis, dass Gott für uns bereitsteht und nur darauf wartet, uns endlich ausfüllen zu dürfen. Wenn wir es endlich schaffen, nicht mehr jeden Moment, jede Person, jedes Ereignis und jede Erfahrung für uns selbst einzunehmen, kann Gott sich in uns ausbreiten.

Spiritualität bedeutet, dass ich jeden Tag mit dem Vorhaben beginne, am Abend ein Stück mehr über mich hinausgewachsen zu sein, indem ich das Bewusstsein in mir wachsen lasse, dass in meinem kleinen Selbst der große Gott schweigend wohnt.

Zeit

Es kam einmal ein Bruder zum Altvater Theodor und begann über Dinge zu reden und zu urteilen, mit denen er selbst noch keine Erfahrung hatte. Da sprach der Alte zu ihm: «Noch hast du das Schiff nicht erhalten, noch bist du nicht losgesegelt, und doch bist du schon in jeder Stadt an Land gegangen. Tu zuerst das Werk, dann komm und rede darüber, wie jetzt.»

Unsere Gegenwart ist geradezu besessen von Geschwindigkeit. Alles, was wir produzieren, ist darauf ausgelegt, noch schneller zu sein als zuvor. Flugzeuge fliegen schneller als der Schall, obwohl es niemandem tatsächlich nützt. Autos werden mit der Tatsache beworben, dass sie in Sekundenschnelle von Null auf Hundert beschleunigen – als ob das je jemand brauchen würde. Jeden Tag werden Unmengen von Geld für Computer-Programme ausgegeben, die um Millisekunden schneller arbeiten als die vorherige Version. Um einen Wert zu haben, muss heute alles schneller funktionieren, schneller einsatzbereit sein und mit einer Geschwindigkeit arbeiten, die kein Mensch mehr im Kopf berechnen kann. Wir essen Fertigprodukte, benutzen elektronische Fahrkarten, besuchen Crashkurse und schauen uns Kurznachrichten in 30 Sekunden an. Ständig sind wir auf dem Sprung. Wir fordern Resultate und glauben nicht mehr an Prozesse, so gern wir auch darüber reden.

Doch spirituelles Reifen, so wussten die Wüstenväter und -mütter, kann nicht gelingen, wenn wir den höchsten Gang einlegen und Vollgas geben. Das spirituelle Leben – Kontemplation – ist das langsame, schichtweise Freilegen der Seele und der noch viel langsamere Prozess, alles wieder zusammenzusetzen, um zu sehen, was wir nie zuvor gesehen haben – nämlich Gott in allen Dingen und vor allem in uns selbst.

So ironisch es klingen mag: Unsere Generation hat in ihrer Hektik das Gespür für den Wert der Zeit verloren. Die erhöhte Geschwindigkeit hat uns keine Zeitersparnis gebracht, sondern nur ermöglicht, die Zeit mit doppelt so viel Arbeit zu füllen wie vorher. Je schneller wir gehen, desto mehr lassen wir uns selbst zurück. Wir bleiben nicht mehr stehen, um uns einen Sonnenuntergang anzuschauen. Stattdessen knipsen wir ein paar Bilder, die wir – aus Zeitmangel – nie wieder anschauen.

Es gibt jedoch Dinge, die nicht schneller getan werden können. Wir können zum Beispiel den Prozess der Trauer nicht verkürzen oder den Prozess des Wachstums schneller hinter uns bringen. Die Heilung einer Verletzung lässt sich nicht beschleunigen. Auch das Entstehen von Liebe kann niemand vorantreiben. Genauso wenig können wir versuchen, Gott im Schnellverfahren zu finden, um dann, wenn wir an einem Vorhaben scheitern, das eigentlich die Aufgabe eines ganzen Lebens ist, unsere Suche vergeblich zu nennen. All diese Dinge kommen in Stufen. Jedes von ihnen bedarf der Seelenarbeit.

Zeit ist uns nicht geschenkt, um Vollkommenheit zu erreichen, sondern um Entdeckungen zu machen. Spirituelle Menschen wissen das. Wir müssen vieles im Leben entdecken, bevor wir endlich in der Lage sind, uns selbst Gott zu öffnen, der in uns wohnt und um uns ist und alles Leben schenkt. Spirituelle Menschen erfahren, dass das, was wir im Laufe des Lebens lernen, unser Leben verwandelt:

Wir haben zu lernen, dass wir Gott mit keiner Institution verwechseln. Nichts, was als ein Zeichen und

Symbol für Gott dient, ist selbst Gott und darf als unantastbar gelten.

Wir haben zu lernen, dass wir selbst nicht Gott sind. Die Welt wurde nicht zu unserem Vergnügen erschaffen, sondern für unser Wachstum. Und wachsen müssen wir, so schmerzvoll dieser Prozess auch sein mag.

Wir haben zu lernen, dass Gott, der sich in keine Institution einsperren lässt, sondern der reine Atem ist, den wir atmen, in uns wohnt und darauf wartet, dass wir zu dieser Erkenntnis finden. Wir müssen aufhören, Gott anderswo zu suchen. Gott ist genau hier.

Und schließlich haben wir zu lernen, die Zeit nicht als Tod all unserer Träume zu sehen, sondern als ein Geschenk, das uns Erkenntnis ermöglicht. Was immer geschieht, auf welcher Stufe wir uns auch befinden, alles kommt von Gott. Und je mehr uns dies bewusst ist, desto mehr begegnen wir Gott im Hier und Jetzt.

Spiritualität bedeutet, mit der Zeit nicht wie mit einem Gebrauchsartikel umzugehen, sondern in ihr ein Sakrament zu sehen, das uns Gott im Hier und Jetzt offenbart. Jederzeit.

Durch die Jahrhunderte

Der Altvater Antonius sprach: «Es kommt eine Zeit, in der die Leute verrückt werden, und wenn sie einen sehen, der nicht verrückt ist, dann werden sie ihn angreifen und sagen: ‹Du bist verrückt, weil du nicht so bist wie wir.›» Oft haben wir den Eindruck, dass jene, die unter allen Umständen daran festhalten, das Leben als grundsätzlich gut zu betrachten, verrückt sind.

«Es gibt so viel Leiden, so viel Böses auf der Welt. Sei realistisch», sagen wir. Menschen, die nicht aufhören, Leben an Orten zu sehen, die leer und unfruchtbar scheinen, halten wir bestenfalls für dumm. «Sei vernünftig», sagen wir. Doch genauso gut könnte es sein, dass wir die Verrückten sind. In Wahrheit ist Kontemplation – die Fähigkeit, unter der Oberfläche der Dinge die Seele des Lebens zu entdecken – die wahre Gesundheit des Geistes. Spirituelle Menschen sehen das Leben, wie es unter all der Qual und dem Schmerz tatsächlich ist: durchtränkt von Gott, glühend vor Ewigkeit, voller Energie und so überbordend von Gutem, dass das Böse nie ganz siegen kann.

Kontemplation bewirkt, dass wir unseren inneren Blick immer auf das Gute richten. Doch genauso wichtig wie zu wissen, was Kontemplation bewirkt, ist zu wissen, was nicht. Kontemplation ist kein spiritueller Tick oder eine Art religiöser Zaubertrick. Sie ist kein positiver Nebeneffekt strenger Askese, noch ist sie eine Begleiterscheinung beschwörender Rituale. Sie ist keine psychische Unausgeglichenheit, die sich als Religion ausgibt. Kontemplation ist die Krone der Seele, das Tor des Herzens, durch das alles Gute kommt und das alles, was kommt, als ein Geschenk Gottes willkommen heißt. Kontemplation gibt es zu allen Zeiten, in jeder Tradition. Sie überschreitet Grenzen von Kultur und Bekenntnis, konfessionellen Warnungen oder priesterlichen Vorschriften zum Trotz. Die Bewusstheit von Gottes Gegenwart im Alltag, an jedem Ort, in jedem Menschen, zu allen Zeiten, ist das Fundament eines jeden spirituellen Weges. Wahrhaft Gläubige glauben nur an Gott allein. Wahrhaft Suchende sehen Gott in allen Dingen. Sie sehen, was andere sich nicht einmal vorzustellen vermögen: die Gegenwart Gottes in den Dingen, aus denen unser alltägliches Leben gemacht ist. Worin besteht der entscheidende Unterschied zwischen einem Frommen, der nach den Regeln seines Glaubens lebt, und einem Menschen, der die Erfahrung der Kontemplation gemacht hat? Ein kontemplativer Mensch, der in der Welt, deren Teil er ist, Gottes Gegenwart erkannt hat, wird nie wieder aufhören sie zu erkennen, wie widrig die Umstände auch sein mögen. Nicht die Menschen, die spirituell leben, sind verrückt, sondern der Rest der Welt, dem die Gabe fehlt, in einer verrückten Welt einen gesunden Geist zu bewahren.

Die Wüstenväter und -mütter drückten es so aus: Als Abba Benjamin im Sterben lag, sprach er zu seinen Schülern: «Tut dies, und ihr werdet errettet sein: Freut euch allezeit, betet ohne Unterlass und dankt Gott, was immer auch kommen mag.»

Die Frucht der Kontemplation ist Freude. Wenn wir mit Gott durchs Leben gehen, was sollten wir dann fürchten? Wenn wir mit Gott gehen, finden wir Gelassenheit. Wenn wir Gott in allem erkennen, erfahren wir Sicherheit. Das Bewusstsein, dass alles, was ist, von Gott kommt, schenkt uns Frieden.

Freude, Lob und Dankbarkeit wohnen im Herzen jener, die in Gott wohnen. Nicht die Freude und das Glück der Unwissenden – ein kontemplativer Mensch erkennt das Böse bereits, wenn es seinen Kopf hebt. Nicht das Lob der Harmlosen – ein kontemplativer Mensch drückt sich nicht vor dem Ringen und den Kämpfen, wenn Schwierigkeiten entstehen. Nicht die Dankbarkeit der Abgestumpften – ein kontemplativer Mensch kennt den Unterschied zwischen Spreu und Weizen. Er weiß aber auch, dass das Korn uns Brot schenkt und die Spreu Wärme. Ein kontemplativer Mensch erkennt, dass alles im Leben die Bestimmung in sich trägt, das göttliche Leben in uns zu entflammen. Und deshalb geht er mit Freude durchs Leben, singt sein Lob in die Welt hinaus und lebt in tiefer Dankbarkeit.

Jederzeit.

Danksagung

Nichts bringt mehr Licht in unser Leben als andere Menschen. Ich muss es wissen, denn dieses Buch, wie auch alles andere in meinem Leben, lebt durch das Licht guter Freunde und deren kompetenten Rat. Viele haben zu diesem Unternehmen beigetragen, haben es unterstützt, ihm mehr Tiefe verliehen und es wertvoller gemacht.

Mein besonderer Dank gilt Mary Lou Kownacki OSB, die dieses, wie auch viele meiner anderen Projekte, angeregt hat. Wie immer waren mir die Gedanken und Kommentare von Marlene Bertke OSB, Jean Lavin OSB, Rita Panciera RSM, Anne McCarty OSB, Thomas Bezanson, Christine Vladimiroff OSB und Linda Romey OSB eine große und bedeutende Hilfe.

Andrea Lee IHM, der Rektorin der Frauenuniversität St. Catherine in Saint Paul/Minnesota, bin ich zu großem Dank verpflichtet, dass sie mir so freundlich und großzügig Zugang zu den Einrichtungen der Hochschule gewährt hat. Nur so wurde dieses Werk überhaupt möglich. Die Hilfe der Schwestern des heiligen Joseph von Carondelet, deren Gemeinschaft die Hochschule gegründet hat, und aller Hochschulmitarbeiterinnen sowie die persönliche Unterstützung von Mary Delaney und ihrer ganzen Familie machten die Arbeit an diesem Buch selbst zu einer wertvollen und kontemplativen Erfahrung.

Ich danke und bewundere Mary Lee Farrel GNSH und Mary Grace Heynes OSB für den Einsatz ihrer Zeit, ihrer Kompetenz und ihres Wissens, wenn sie sich für mich in den Dschungel der Verlagswelt begeben, um meine Werke Wirklichkeit werden zu lassen.

Zu guter Letzt möchte ich Maureen Tobin OSB meinen Dank aussprechen. Ich weiß, dass es ohne ihre kompetente Organisation des Büros und ihre generelle Unterstützung während meiner langen Arbeitsphasen keine Veröffentlichungen – und noch viel weniger Zeit zum Nachdenken – geben würde.

All jenen Menschen schenke ich dieses Buch, das inspiriert ist von den Impulsen der Wüstenväter und -mütter, die es wert sind, immer weiter und tiefer bedacht zu werden, als es mir in diesem Buch möglich war.

Quellenhinweis

Die Regel des heiligen Benedikt. Herausgegeben im Auftrag der Salzburger Äbtekonferenz. Beuron, 15. Auflage 1990.

Weisung der Väter. Apophtegmata Patrum. Herausgegeben von Bonifaz Miller, Trier 4. Auflage 1998

Yushi Nomura / Henri J. M. Nouwen, Weisheit aus der Wüste, Herder Spektrum Taschenbuch, Freiburg im Breisgau 2002

Anmerkung der Übersetzerin:
Die Wiedergabe der Weisheitsgeschichten aus den «Apophtegmata Patrum» basiert auf den angegebenen Quellen, wurde aber in Hinblick auf die englische Zitation der amerikanischen Ausgabe des Buches angepasst.